Golden Age Matrix

Quantenheilen 2-Punktmethode

Ein Weg zu neuen Dimensionen

Beatrice Schulze Pfister &

Rolf Thomas Steiner

Einführung in die Anwendung der

Quantenheilung, einfach erklärt mit

praktischen Erfahrungen und Übungen

dazu.

Herstellung und Verlag:
BoD - Books on Demand, Norderstedt
ISBN 978-3-7357-5684-8

Inhaltsverzeichnis:

Über das Buch

Beatrice

Dieses Buch soll auf einfache Weise, allen die sich für dieses Thema interessieren die Möglichkeit geben, sich ausführlich darüber zu informieren, und gleichzeitig mit den praktischen Übungen an sich selber oder anderen testen zu können, was mit Matrixanwendungen alles möglich ist.

Durch langjährige Praxis mit Matrixanwendungen, werden wir auch über Erfahrungen, die wir erlebt haben berichten. Was uns auch immer wieder zeigt, dass unsere Vorstellungsmöglichkeiten sehr begrenzt sind. Es zeigt uns, dass alles möglich ist. Es öffnet die Tore zu unendlichen Möglichkeiten und die Welt der Magie wird Wirklichkeit. Es können wahre Wunder geschehen.

Es geht in diesem Buch nicht um wissenschaftliche Analysen der Quantenphysik; dafür gibt es viele fachliche Bücher, in denen man sich bestens informieren kann. Es geht hier um praktisches Umsetzen, und lebendige Erfahrung mit dem Quantenheilen, die wir in all den Jahren beim Anwenden bei uns selber, bei unseren

Klienten, bei unserem Hund gemacht haben, so wie an den zahlreichen Seminaren, die uns auch immer wieder ermöglichen, das Matrixbewusstsein zu erweitern, unterstützt durch die Erlebnisse unserer Teilnehmer.

An unseren Matrix-Seminaren ist es immer wieder faszinierend, wie nach dem ersten Seminartag einige Teilnehmer von ihren ersten 2-Punktanwendungen berichten. Sie erzählen voller Begeisterung, wie sie von Rückenbeschwerden bis Kopfschmerzen, Einschlafschwierigkeiten bei ihren Partner oder Kinder mit einer Matrixanwendung bereits total erfolgreich waren.

Lasst euch selber überraschen, indem ihr es mit den einfachen Anleitungen und Übungen zur Matrixanwendung, selber ausprobiert.

Matrix als Feld erkennen

Beatrice

Das Matrixfeld, zu dem wir eine Verbindung herstellen sobald wir es anwenden, war schon immer da. Diese Technik wurde bereits vor x-hundert Jahren von den alten hawaiianischen Medizinmännern angewendet. Es ist nun so, dass für uns Menschen im Wandel in die neue Zeitepoche, dieser Zugang mehr und mehr ermöglicht wird. Wie ihr vielleicht bereits wisst, und es gehört auch zu diesem Wandlungsprozess, erhöht sich zur Zeit die Schwingungsfrequenz unseres Planeten. Wir bewegen uns aus der dritten Dimension in die fünfte Dimension. Das beinhaltet unter Anderem auch der Zugang zum Matrixfeld, das aus der fünften Dimension kommt. Es ist auch sehr wichtig, dass wir Menschen diesen Prozess des Planeten unterstützen, indem wir bewusst wachsen. Dazu hilft uns diese Verbindung zu der Matrixenergie wie eine Brücke, die uns von der dritten Dimension zur fünften führt. Es öffnet Fenster zu einem neuen Verständnis und neuer Wahrnehmung, die unser Bewusstsein massiv erweitern.

Wie können wir uns das am Besten vorstellen? In unseren Seminaren erkläre ich das immer so: wir sind hier auf der dritten Dimension und gehen auf Empfang; dann laden wir aus der fünften Dimension, vom Matrixfeld die Information runter, die es für meine Absicht braucht, verbinde sie mit dem Energiefeld das ebenfalls auf Empfang ist, fertig. Ich, als Matrixanwender lasse nur zu, dass sich genau die Information aus dem Matrixfeld herunterlädt die es braucht, verbinde diese zwei Energiefelder und lasse los. Ich bin nicht Kanal dafür, ich verbinde nur. Ich muss überhaupt nicht verstehen was da genau geschieht, weil ich diese überaus hohe Intelligenz der Matrix niemals mit meinem Verstand verstehen würde. Ich vertraue, dass genau die richtige Information heruntergeladen wird, die es für die Transformation meiner Absicht und der meines Klienten braucht. Manchmal hilft auch folgende Erklärung: Hier in der dritten Dimension hat jemand eine schwere Entzündung, die sehr schmerzhaft ist. Wenn wir nun das morphische Feld, (Energiefeld) dieser Person sehen könnten, würden wir dort, wo die entzündete Stelle ist, verdichtete, farblich grau-braune, niedrigschwingende Energie sehen. Mit dem Fokus „Entzündung weg und schmerzfrei sein", lade ich nun aus dem Matrixfeld die entsprechende Energie, Information runter, verbinde sie mit dem empfangenden Energiefeld dieser Person, damit sich diese braun-graue Stelle wieder in schöne Lichtenergie transformieren kann. Das wirkt sich dann sehr bald auch auf den Körper aus, dessen Entzündung verschwindet und schmerzfrei wird.

Was nun ganz wichtig ist, dass wir uns nicht etwa vormachen, dass wir „etwas" tun. Wir tun nämlich gar nichts, ausser empfangen und verbinden; diesen Satz werdet ihr noch ein paar mal lesen müssen, da es für uns fast unvorstellbar zu sein scheint, dass man mit dieser Matrixtransformation in manchmal nur ein paar Sekunden, so viel auslösen und verändern kann, ohne dass man etwas tut, oder versteht! Das ist am Anfang sehr schwierig, vor allem für diejenigen die gewöhnt sind, für alles was gute Resultate bringt, muss man auch viel leisten. Und das glauben die meisten Menschen, da sie es auch so gelernt haben. Und dieser Glaubenssatz, kann uns auch in der Matrixanwendung verunsichern und blockieren. Bereits Gedanken, und wenn sie dann auch noch mit Gefühlen verbunden sind, wirken sehr kraftvoll und beeinflussen unser Umfeld, Zustand, Lebenssituation, Erfolg oder eben kein Erfolg so stark, dass sie sich materialisieren. Ich liebe es, die Übung von Dr. Frank Kinslow, der mit Dr. Richard Bartlett zusammen, als die grossen Widerentdecker der Matrixenergie gelten. Sie haben so viel beigetragen, dass wir als Menschen wieder Zugang zu dieser Wunderenergie bekommen. Dafür bin ich ihnen sehr dankbar. Also zu der Übung: Bringe die beiden Innenhandflächen nebeneinander genau zusammen, indem die beiden grossen (am Nächsten bei der Handfläche) Handgelenkfalten, wie eine weiterlaufende Linie genau zusammengefügt werden. Du achtest jetzt darauf, dass deine Innenhandfläche nebeneinander zusammengefügt, diese Falten eine von der linken zur rechten Handfläche, fortlaufende Linie bildet. Dann bring die Hände wie für ein Gebet, genau auf dieser Höhe zusammen. Ein Finger dieser beiden Hände, ragt nun meistens etwas ungleich und höher hinauf, als sein gegenüberliegender Fingerkollege. Und jetzt nimm deine Hände wieder auseinander und bitte den eindeutig kürzeren Finger zu wachsen und länger zu werden. Konzentriere dich auf diesen Finger und diesen Gedanken für eine Minute lang. Dann bring die zwei Handflächen noch einmal genau auf die gleiche Art zusammen und stelle fest, was mit dem kürzeren Finger geschehen ist. Ja, so kraftvoll sind unsere Gedanken!

Bevor wir nun zu der ersten praktischen Übung gehen, möchte ich noch zu der absolut wichtigsten Übung kommen, mit der wir uns vor jeder Matrixanwendung vorbereiten. Diese Übung muss sein. Es ist der Schlüssel zur Anwendung. Ohne diesen Schlüssel bin ich nicht bereit, mich mit dem Matrixfeld zu verbinden. Diese Übung heisst:

Sich mit dem Herzen total verbinden! Beatrice

Hier ist eine Meditation, die dir hilft in den Herzenszustand zu sinken:

Schliesse für einen Moment die Augen – atme tief ein und aus und werde ganz still. – atme tief ein und aus – dann geh mit deiner Aufmerksamkeit zu deinem Herzen. Atme tief in dein Herz hinein. –
Stell dir vor das Herzchakra - ein kraftvolles Zentrum deines Seins.–
Verbindung zu allem was ist, ausgedehnt ins ganze Universum. - Atme tief ein und aus. –
Fühle diese überaus kraftvolle Intelligenz, die dir immer die absolute Wahrheit vermittelt, - die dich zu deinem Wesen und gleichzeitig

zum Göttlichen führt. – Dort bekommst du grenzenlos und zeitlos Hinweise, Intuitionen und Visionen für deinen Lebensplan. –Atme tief ein und aus. – Spür dein Herz als kraftvolle Sonne, die mit ihrem Schein Licht und Wärme, Liebe und Freude für dich selber und für andere ins Leben bringt.

Atmet tief ein und aus. – Lege nun deine Hände auf das Herz und fühle mit den Händen diese Energie des Herzens.. – Halte dein Herz ganz liebevoll, als würdest du ein junges Hündchen oder ein kleines Kätzchen halten .... fühle wie durch diese Vorstellung dein Herz geöffnet wird. – Atmet tief ein und aus. – Bedanke dich nun bei deinem Herzen für diese wunderbare Lebenskraft und schenke ihm ein Lächeln. –

Atme tief ein und aus. –

Komm dann in deinem Rhythmus zurück ins Hier und Jetzt, - und öffne deine Augen.

In dem wir uns mit dem Herzen verbinden, verändern sich wesentliche Dinge bei uns, die für diese Art von Kommunikation in eine höhere Ebene, die Basis bilden.

Wir lösen uns vom Verstand der die ganze Zeit plappert, wir befinden uns in einem geborgenen Gefühl des Vertrauens, wir sind viel ruhiger und ausgeglichener, unsere Absicht entsteht aus der Energie des Herzens, (Liebe) und unsere Schwingung erhöht sich.

In diesem Zustand entstehen auch viel weniger Zweifel, ob wir es wohl richtig machen, oder

der Drang, dass wir es verstehen möchten, ob
es gut oder schlecht war ... usw.
Wir könnten uns auch mehrmals am Tag
fragen, ob wir im Herzen, oder im Verstand
sind.

Typs mit dem Herzen in Verbindung zu gehen Beatrice

Gehe hinaus in die Natur! Geniesse einen
Sonnenuntergang, den Frühling, den
Sternenhimmel, Vogelgesang, spielende Tiere,
Schmetterlinge, Blumen, der Duft der Blumen,
der Wind weht über ein Feld, ein Bächlein
plätschert klar durch den Wald, die Energie
der alten Bäume ...... dies sind alles Dinge die
das Herz berühren.

Aus dem Herzen	aus dem Verstand
Liebe	Vernunft
Leidenschaft/Passion	Ängste
Wünsche	Gewohnheit
Vergnügen	Logik
Freude	Begründung

Schönheit	Fixiert
Abenteuer	Beweisen
Unlogisch	absichern
Kreativität	versichern
Glücksgefühl	Konflikt

Nicht nur für Matrixanwendungen, lohnt es sich in die Herzenergie einzutauchen. Es ist so, je mehr wir im Herzen sind, desto schöner, leichter, glücklicher und gesünder erfahren wir unser Leben. Und desto mehr Verbindungen bekommen wir zu den unbegrenzten Möglichkeiten der fünften Dimension. Eine wunderschöne Herzmeditation gibt es auch in unserem CD-Sortiment zu bestellen, unter dem Namen: Schönheit von Innen, Golden Age Meditation, Harmonie und Herzenszimmer. Beide Meditationen führen dich direkt in die Herzenergie.

Und jetzt sind wir bereit für die erste Übung. Einen ganz einfachen 2-Punkt zu praktizieren, mit dem alle bereits grosse Erfolge erleben können!

Die 2-Punkt-Methode

Beatrice

Wichtig ist, bei der 2-Punkt Anwendung, dass wir uns intuitiv führen lassen. Hier ein Beispiel: Nach dem ich den aller ersten Kurs Level 1 für Matrixanwendung bei Richard Bartlett gemacht habe, besuchte mich ein paar Tage später eine Klientin, die schon seit Jahren bei mir Sitzungen nimmt. Sie stöhnte vor lauter Schmerzen und konnte beinahe nicht mehr gehen, so tat ihr das rechte Knie weh. Es war kurz vor Weihnachten, ihre Kinder waren damals noch recht klein, und sie sagte, dass sie dieses Knie unbedingt operieren lassen sollte, damit es nicht mehr schmerzt, das sei die einzige Lösung. Sie wisse aber nicht wann, so kurz vor Weihnachten, mit zwei kleinen Kindern? Die Schmerzen seien aber fast nicht mehr zu ertragen. Ich erzählte ihr von dem Seminar, dass ich gerade erst am vergangenen Wochenende gemacht habe, dass es etwas mit Quantenphysik zu tun habe, und dass ich absolut noch keine Erfahrung darin hätte. Aber wenn sie bereit wäre, könnte ich ja mal einen 2-Punkt bei ihr versuchen? Sie willigte sofort ein und sagte noch: nützt es nichts, schadet es auch nichts...

Ich bat sie einfach zum Fenster raus zu
schauen, und nichts zu tun während ich an
ihr den 2-Punkt machte. Der Focus war sofort
klar, nämlich: „ Knie schmerzfrei". Und das ist
auch schon alles, was für die Anwendung einer
Matrix notwendig ist. Ich brauche übrigens
auch keine fachlichen Informationen über
medizinisches Wissen oder Anatomie, damit
ich in diesem Fall eine Matrixanwendung
machen kann. Nicht vergessen sich vorher mit
dem Herzen zu verbinden, und das tat ich
auch. Dann liess ich meine linke Hand, (es
hätte auch die rechte sein können), ca. 5-10
cm am Körper entlang ein Punkt suchen, bis
meine Hand am Rücken einen Punkt gefunden
hatte; dort liess ich die Hand auch ruhen. Mit
der rechten Hand suchte ich nun nach dem
zweiten Punkt, den ich bald, ungefähr auf der
Höhe der Stirn, aber diesmal ca. 15cm weg
vom Körper, im Energiefeld der Klientin
gefunden hatte. Warum gerade diese 2
Punkte? Ich weiss es nicht. Warum einer am
Körper, und der andere 15cm weg vom Körper?
Ich weiss es nicht. Wer sagt, dass das die
richtigen Punkte sind? Ich weiss es nicht....
Nach dem ich in die Herzenergie reingegangen
war, liess ich mich von meinen Händen zu den
2 Punkten führen, und vertraute meiner
Intuition vollkommen, dass dies die 2 richtigen

Punkte sind. Dann stellte ich mir eine energetische Verbindung meiner beiden Handflächen vor, bis es ziemlich bald eine Art Welle zu spüren gab, die Klientin viel in diesem Moment auch nach Hinten, als hätte sie das Gleichgewicht verloren, und fertig war die Matrixanwendung. Diese „Welle", die man zum Teil sehr deutlich spürt, ist das Zusammentreffen der Energien, die zum Einen aus dem Matrixfeld heruntergeladen wurden und zum andern im Energiefeld des Klienten eintrifft. Meine Klientin schaute mich ein wenig überrascht an, als diese Anwendung nach ein paar Sekunden bereits fertig war. Und als ich ihr noch erklärte, dass ich nur 2 Punkte verbunden habe, kam sie noch mehr ins Staunen und sagte mir, sie hätte diese Welle deutlich gespürt und das Gleichgewicht verloren; zum Glück hätte ich sie gehalten. Das ist übrigens ganz wichtig, sobald wir eine Matrixanwendung machen, müssen wir sicher sein, dass die Person, an der wir arbeiten, gut aufzufangen ist falls sie fallen würde. Wenden wir die Matrixbehandlung an uns selber an müssen wir schauen, dass wir sitzen, oder an eine Wand lehnen.

Am nächsten Tag bekam ich von dieser Klientin einen Anruf: sie war sehr aufgeregt und erzählte mir, wie es ihr nach der Matrixanwendung ergangen war. Am Tag, an dem sie die Matrix bekam, geschah ausser einem Kribbeln in ihrem schmerzenden Knie keine Veränderung. Am nächsten Morgen, als sie aufwachte, fühlte sie als Erstes viel Energie. Sie knipste ihre Nachttischlampe an, und die Leuchtbirne ging kaputt. Das gleiche wiederholte sich, als sie ins Badezimmer ging und den Lichtschalter betätigte. Sie fragte sich, was wohl los sei. Sie schaute an sich runter, bewegte ihr rechtes Bein und stellte fest, dass sie total schmerzfrei war. Sie bewegte ihr Knie mehrmals, belastete es auch und war so überrascht, dass sie keine Schmerzen mehr hatte. Voller Begeisterung und Freude erzählte sie mir jedes Detail. Ich freute mich aber auch sehr über diesen Riesenerfolg von meiner ersten Matrix 2-Punkt Anwendung. Ein Monat später war sie mit ihrer Familie in den Skiferien und ging jeden Tag Skifahren. Später, als sie bei ihrem Arzt war stellte er nur eines fest: was da geschehen war, ist schulmedizinisch unmöglich und nicht realisier- oder nachvollziehbar!

Jetzt noch zu einem sehr wichtigen Teil, den man unbedingt beachten sollte, damit eine solche Wirkung durch Matrixanwendung auch beständig bleibt!

1. Ein physisches Leiden ist immer damit verbunden und auch der Ausdruck einer seelischen Unausgeglichenheit. Es drückt Disharmonie zwischen Körper, Geist und Seele aus wie, Ängste, Fremdbestimmung, Opferverhalten, nicht integer sein, seine wahre Bestimmung oder Lebensaufgabe nicht erkennt haben, usw. es können viele verschiedene Aspekte sein, die sich mit Schmerz, Entzündung oder Krankheit durch den Körper zum Ausdruck bringen in der Hoffnung, dass wir endlich mal hinschauen und etwas im Sinne unserer Seele verändern werden. Dies ist auch immer zu beachten, und auf das weisen wir unsere Teilnehmer auch immer an unseren Seminaren und besonders an unseren Ausbildungsmodulen hin, und unterrichten sie darüber. Wir haben das Glück, dass das überaus intelligente Matrixfeld die Information in das behandelnde Feld herunterladet, die es als ganzheitliche Energie braucht, um zu transformieren, was der vorhandene

Schmerz mit seiner Ursache mit eingeschlossen, benötigt. Es gibt also in den meisten Fällen auch eine sehr deutlich spürbare psychische Veränderung. Und diese Veränderung muss man unbedingt akzeptieren! Nicht hinterfragen, nicht daran zweifeln, und sich auch vom Aussen nicht verunsichern lassen, wenn man zum Beispiel darauf angesprochen wird, wie: „Was ist den mit dir los, du bist doch sonst nicht so?".... Man muss einfach die veränderte Situation, die durch die Matrixanwendung geschehen ist, nicht hinterfragen und total annehmen, wie sie ist. Mein Knie ist schmerzfrei, Punkt. Ich reagiere nicht mehr gleich auf Situationen so oder so, Punkt.

2. Meine Klientin hat das sehr gut umgesetzt. Sie hat alle Arzttermine abgesagt, und den Zustand von schmerzfrei und wieder gesund zu sein angenommen. – Sie hat diese Entscheidung selber gemacht, weil es ist nie an uns sie dafür zu überreden, Arzttermine abzusagen, oder die Einnahme von Medikamenten abzusetzen. Sie hat auch gemerkt, dass sie viel ruhiger geworden ist, und in

Stresssituationen nicht mehr die Nerven verliert, sondern im Gegenteil, sie konnte jetzt die anderen beruhigen, was vorher nicht auszudenken war. Auch diese Situation hat sie als einen neuen Bewusstseinszustand, ausgelöst durch die Matrix und die Heilung von ihrem Knie, dankbar angenommen.

Was früher durch eine langjährige Therapie vielleicht möglich war, kann man heute mit einer 2-Punkt Anwendung in ein paar Sekunden erreichen. Aber nur, wenn auch der Empfänger zu einer solchen Transformation bereit ist, und vor allem sie auch annehmen kann! Dazu ist Bewusstseinsarbeit, die wir an jedem von unseren Seminaren anbieten, sehr unterstützend. Für den Empfänger, so wie auch für den Anwender. Beide sollten sich über die Transformation und dessen Veränderungsmöglichkeiten bewusst sein und auch wissen, wie man damit umgeht. Sonst ist die Gefahr gross, dass der Klient wieder in sein altes Feld zurückfällt, und das Leiden wieder anzieht. Es ist auch von Nutzen, wenn man sich darüber bewusst ist, dass alles aus Licht und Information besteht. Dass man die Möglichkeit hat, dies bewusst und kraftvoll einzusetzen, indem man sich nur auf eine

Absicht konzentriert. Diese mit dem Klienten vereinbarte Absicht ist dann die Licht-Informationsenergie, die im Matrixfeld die entsprechende Resonanz auslöst und die zur Veränderung beitragende Information anzieht.

Meine Klientin mit dem schmerzenden Knie, hatte übrigens nie mehr Schmerzen, oder sonst Beschwerden damit. Diese Geschichte geht bereits drei Jahre zurück.

Dazu gibt es noch einmal eine wunderbare Matrixgeschichte, die ich gerne erzählen möchte.

Rolf hat eine Schwester, die auch an einem unserer Matrixkurse Level 1 teil nahm. Ein Jahr später hatte sie einen Unfall, wobei unter anderem auch ihr Jochbein gebrochen war. An dieser gebrochenen Stelle stand der Knochen so hervor, dass man es sehen konnte, und es war gleichzeitig auch schmerzhaft. Trotz der Beratung des behandelnden Arztes diesen Bruch zu operieren, willigte sie dazu nicht ein und versuchte mit Matrixanwendungen einzuwirken. Nach einer Zeit von mehreren Anwendungen, betrachtete sie sich eines Morgens im Spiegel und konnte diesen herausstehenden Buck nicht mehr sehen. Sie tastete vorsichtig die Stelle mit den Händen ab, fand aber nichts. Auch ihre Schmerzen waren verschwunden. Danach ging sie zu ihrem Mann und bat ihn, diese gebrochene Stelle an ihrem Gesicht ebenfalls abzutasten; auch er konnte nichts mehr finden oder sehen. „Es war einfach weg"… erzählte sie uns. Auch hier ein typisches Matrixereignis; aber schulmedizinisch unmöglich!

Und jetzt:

Die Anwendung der 2-Punkt-Methode In Kurzform Beatrice

Der Anwender ist sich bewusst, dass alles aus Licht und Information besteht.

Er lässt sich Zeit, um in die Herzenergie zu sinken und sich mit dem Herzen zu verbinden.

Er legt eine seiner Hände auf den Ankerpunkt, zum Beispiel auf die Schulter, und verbindet sich über seine Absicht mit dem zu bearbeitenden Thema.

Mit der andern Hand spürt er intuitiv den Lösungspunkt irgendwo am Körper, oder im Energiefeld des Körpers auf. Es gibt immer mehrere Lösungspunkte.

Die Punkte erkennt man daran, dass sie eine Veränderung in der Wahrnehmung hervorrufen. Das kann ein Ziehen, Druckgefühl, Wärme oder ein leichtes Kribbeln sein.

Wenn der Anwender die 2 Punkte gefunden hat, bleibt er mit seiner Aufmerksamkeit bei beiden Punkten und verbindet sie, atmet langsam ein und aus, während er ohne ein bestimmtes Ziel in die Ferne schaut.

Er wird dann spüren, wie sich eine Welle aufbaut. Sobald dies geschieht, lässt er es geschehen und lässt los. Fertig.

Wenn ihr nun versucht, mit einem 2-Punkt zum Beispiel Kopfschmerzen aufzulösen, dann macht einfach Schritt für Schritt nach der Beschreibung. Es gelingt am Besten, wenn man locker bleibt und das Ganze mit einer spielerischen Leichtigkeit angeht. Wichtig ist auch, dem Verstand den Befehl zu geben, dass er mit seiner ewigen Plapperei einmal aufhören soll. Der mischt sich nämlich dauernd ein mit Bemerkungen wie: „glaubst du wirklich an so was? Was ist wenn es nicht geht, oder wenn du etwas falsch machst? Du kannst doch diese Punkte gar nicht spüren und auch die Welle nicht? Solche Wunder gibt es doch gar nicht? Und du glaubst dass du das kannst?" usw. Unser Verstand schwatzt unaufhörlich auf uns ein, und er mag solche neue Veränderungen gar nicht. Zweifel oder Misstrauen kommen immer aus dem Verstand, da er es verhindern möchte, etwas so revolutionäres, für ihn unbekanntes und somit gefährliches, zu probieren. Er möchte, dass wir „realistisch" auf dem Boden bleiben! Das ist auch eine typische Aussage des Verstandes. Der Verstand möchte auch immer „verstehen" und wissen „warum" etwas so oder so ist. Das ist auch die Natur des Verstandes und es ist für ihn nicht akzeptierbar, wenn wir ihm sagen, dass die Intelligenz der Matrix aus der fünften Dimension von ihm, dem Verstand nicht mehr aufgenommen werden kann, weil sie zu hoch schwingend ist. Also in solchen Situationen

dem Verstand einfach mitteilen, dass er
endlich mal seine Klappe halten soll!

Eine Vorstellung, die mir auch sehr gut
geholfen hat ist die: ich bestelle mit der
Absicht bei mir, oder bei einem Klienten etwas
zu transformieren, die dazu notwendige
Energie aus dem Matrixfeld, aus der fünften
Dimension. Ich bekomme sie, ohne nach zu
fragen. Vergleiche ich das mit einem
Restaurantbesuch. Ich gehe in ein feines
Restaurant und bestelle beim Kellner das
Essen auf das ich Lust habe, und das auch
meinem Geschmack entspricht. Es käme mir
nicht in den Sinn dem Kellner in die Küche zu
folgen, und genau wissen zu wollen wie diese
Malzeit zubereitet wird, mit welcher Pfanne sie
gekocht wird, welche Gewürze dazu verwendet
werden, usw. ich bestelle mit der Absicht
etwas feines zu essen, dann lasse ich los. Nach
einer gewissen Zeit kommt mein Essen und ich
geniesse es.

Wenn ihr die Anwendung Schritt für Schritt
befolgt, kann nichts, aber wirklich gar nichts
schief gehen. Wir müssen auch nichts
verstehen und nichts tun, ausser zwei intuitiv
gefundene Punkte zu verbinden. Auch die
Vorstellung, dass alles aus Licht und

Information ist, hilft sehr. Und nun wünsche
ich euch viel Spass beim 2-Punkt-Anwenden.

Fernanwendung

Beatrice

Es ist durchaus möglich, sich mit einem
Energiefeld (von einem Menschen) zu
verbinden, auch wenn dieses x-tausend
Kilometer entfernt von uns ist. Ich stelle mir
zum Beispiel eine Person vor, als wäre sie
direkt vor mir, bis ich sie fühle und
wahrnehme. Man kann sie auch visuell
erkennen. Und jetzt ist es möglich, mit ihr eine
Matrixanwendung durchzuführen, als wäre sie
physisch anwesend. Am Anfang könnte eine
Fotografie von der besagten Person, ihre
Stimme am Telefon, oder auch ein Stofftier
eine helfende Unterstützung geben, sich mit
ihr besser verbinden zu können. Was nun sehr
wichtig ist bei der Sache ist folgendes: Nie und
nimmer mit jemandem Kontakt aufnehmen,
um mit ihm eine Matrix durchzuführen, wenn
diese Person nicht genau darüber informiert
wurde: genauer Zeitpunkt wann die
Matrixanwendung stattfindet, und auch das
Thema und der Fokus, auf was die Information

des Matrixfeldes, die der Anwender ja in das Feld des Empfängers herunterladet, einwirken soll. Das ist überaus wichtig!!!! Jemandem eine Matrixanwendung zu geben, ohne sein Wissen, ist streng verboten! Das dürfen wir nicht.

Auch hier, nachdem wir mit dem Klienten Zeitpunkt der Matrix, Thema und Fokus besprochen haben, mit dessen Energiefeld (Körper) Kontakt aufgenommen haben, verbinden wir uns auch wieder zuerst mit unserem Herzen und lassen uns intuitiv führen, die Punkte am Energiekörper zu finden, dann verbinden wir sie – und fertig. Es ist so, dass eine Fernanwendung genau so starke Wirkungen zeigt, wie die Anwendung bei physischer Präsenz. Ich bin von Murten ins Tessin gezogen und habe mit vielen meiner Klienten die Sitzungen beibehalten; die jetzt per Skype oder Telefon ablaufen. Bei den meisten wende ich am Schluss die Fernmatrix an, und es zeigte sich, dass sich die Wirkung und auch das Empfinden der Klienten, wenn sie eine Matrixanwendung auf die Ferne bekommen, im Vergleich zur physischen Anwendung überhaupt nicht verändert haben. Sie spüren sogar die Welle, das ist wenn sie die Information aus dem Matrixfeld erreicht, und oft schlafen sie dann für ca. 10 Minuten tief ein.

Ein Beispiel: nur mit Fernanwendung, hat eine Klientin so viel abgenommen, dass sie ihre Garderobe zwei Kleidergrössen tiefer einkaufen musste. Kurz, nach meinen Erfahrungen gibt es keine Distanzlimite, eine Matrixanwendung durchzuführen.

Ein weiteres Beispiel: An unseren Seminaren unterrichten wir bereits im Level 1 die Fernanwendung, wobei die Kursteilnehmer wie folgt üben. Die Matrixanwender bleiben im Seminarsaal. Die Matrixempfänger wechseln den Raum, indem sie ein Stockwerk tiefer in den Aufenthaltsraum gehen, dort setzen sie sich bequem und ruhig hin und warten auf die Information aus dem Matrixfeld. Da war vor nicht langer Zeit eine Teilnehmerin, die an diesem Tag sehr starke Zahnschmerzen hatte, die durch einen Abszess im Zahnfleisch ausgelöst wurden. Das Thema war also: Zahnschmerzen durch Abszess und die Absicht: Zahnschmerzen weg und Abszess auflösen. Nach der Übung kam diese Gruppe wieder zurück in den Seminarsaal und berichtete uns, was sie gespürt haben während der Anwendungszeit, und auch wie es ihnen ergangen ist. Die erwähnte Person mit den starken Zahnschmerzen war total schmerzfrei, und der Abszess war vollkommen verschwunden!

Schritt für Schritt bei der Fernanwendung

Beatrice

Kontakt aufnehmen mit dem Klienten.

Thema, Fokus und Absicht besprechen und festlegen. Wenn jemand zum Beispiel Huftschmerzen hat, wäre das Thema Huft tut sehr weh, der Fokus und die Absicht, Huft soll schmerzfrei sein.

Es könnte jedoch auch ein Thema sein wie zum Beispiel Prüfungsangst, dann wäre die Absicht: angstfrei und locker an die Prüfung gehen.

Zeitpunkt der Matrixanwendung festlegen.

Der Matrixempfänger soll sich zu diesem Zeitpunkt bequem hinsetzen, oder hinlegen.

Der Matrixanwender verbindet sich mit seinem Herzen und dann mit dem Energiefeld des Klienten.

Jetzt lässt der Anwender sich wie gewohnt führen, findet einen 2-Punkt oder eine weitere Anwendungsmöglichkeit aus dem Matrixfeld, (die wir später noch kennenlernen werden), verbindet diese mit dem Energiefeld des Klienten, fertig.

Archetypen

Rolf

Die Arbeit mit Archetypen braucht etwas Mut, um sich komplett in diese Welt der Bilder und Fantasien(Hellsehen) zu begeben. Wir haben alle schon als Kind, gewisse Märchen und Sagen, sowie Filmidole und Helden kennengelernt. Dabei spielte unsere Fantasie eine grosse Rolle. In unseren Träumen wiederholten sich diese Abenteuer und viele neue Geschichten wurden in uns geboren. Manche Figuren erlebten wir mit Angst und Schrecken, wiederum Andere beflügelten unseren Mut und Kreativität. Einige Beispiele sind:

Supermann

König/Königin

Fury

Lassie

Barbie/Ken

Lionking

Elfen / Feen

Engel

Es geht hier um Figuren mit denen wir uns identifizierten, als Kind, Jugendlicher, oder Erwachsener. Oft sind diese Archetypen tief in unserem Unterbewusstsein gespeichert, um spontan in unserem Bewusstsein wieder zu erscheinen. Wir wissen, dass das Unbewusste über die rechte Gehirnhälfte mit Symbolen, Farben und Objekten kommunizieren kann, somit ist es für uns sehr hilfreich damit zu arbeiten.

Zum Beispiel, wenn wir mit einem Klienten arbeiten" welches Symbol, welche Farbe, welches Objekt oder welcher Klang wären hier nützlich" um sogleich die erste Sache die erscheint zu benennen, ohne dass diese für uns einen Sinn zu ergeben braucht. Meistens haben wir keine Ahnung was das ganze Bedeutet. Und trotzdem geschehen grosse Veränderungen.

Wenn Sie beginnen, der Information zu vertrauen, so wie sie sich im Prozess zeigt, dann taucht immer mehr auf. Sie beginnen mit einem Rinnsal (ein paar wenige Objekte oder Eindrücke) jedoch kann das Ihre Sensitivität potentiell millionenfach verbessern und erhöhen.

Diese Archetypen können in vielfältigen Lebensbereichen eingesetzt werden.

Schule

Beruf

Geschäft

Krankheit

Beziehung

Das Wichtigste dabei ist sich total auf das Erscheinende Objekt einzulassen, auch wenn es manchmal den Anschein macht, etwas Lächerliches oder gar Verrücktes zu berichten.

Einer unserer Geschichten zu den Archetypen: Beatrice

Unsere Rhodesian Ridgebackhündin Ashima hatte vor ca. einem Jahr am Kopf eine Schwellung die zuerst aussah, wie ein

Insektenstich. Wir beobachteten und stellten fest, dass dieser Buckel immer grösser wurde, die Haare langsam ausfielen, und es bildete sich eine Entzündung. Wir gingen zum Tierarzt um festzustellen, was sie da hatte. Der Tierarzt konnte uns auch nicht weiterhelfen. Auch die von ihm verschriebene Salbe nützte nichts. Er sagte uns, dass man dieses geschwürartige Gebilde rausoperieren und ins Labor einschicken müsse, um festzustellen was es sei. Diese Nachricht gefiel uns gar nicht. Noch auf der Heimreise vom Tierarzt beschloss ich alles zu geben was ich kann, um mit Matrixbehandlungen eventuell eine Heilung hervorzurufen. Am selben Tag fing ich damit an. Manchmal erwachte ich um ca. vier Uhr morgens und hatte das Gefühl, der schlafenden Ashima, die ihr Bett neben unserem hat, eine Matrixbehandlung zu geben - und das tat ich dann auch. Lustiger Weise kamen um diese Zeit, vier Uhr morgens, immer Archetypen und es spielte sich folgendes ab. Aus dem Sternenhimmel kam ein kleines Raumschiff geflogen, stoppte, dann öffnete sich eine Luke am unteren Teil des Ufos, und daraus wurde eine Treppe bis zu Ashima ausgefahren. Einen kurzen Augenblick später kamen drei kleine Feen aus der Luke raus und stiegen kichernd und sprechend die ausgefahrene Treppe hinunter. Eine hatte ein Rosakleid, eine ein hellgrünes, und eine ein blaues. Sie waren viel kleiner als wir Menschen. Die mit dem hellgrünen Kleid trug ein kleines Körbchen, und die mit dem rosa Kleid hielt einen Zauberstab in der Hand. Bei Ashima angekommen, nahm die mit dem blauen Kleid ein Fläschchen aus dem Korb, den die hellgrün gekleidete Fee trug und beugte sich zu Ashima runter, die friedlich schlief, um ihr ca. drei Tröpfchen von dem Inhalt des Fläschchens auf die Wunde zu träufeln. Als sie fertig war, nahm die Fee mit dem rosa Kleid den Zauberstab und zauberte wunderschöne Goldsternchen und glitzernder Elfenstaub über ihren Kopf, die dann wie ein schwereloser Regen auf sie runter schwebten. Danach beugte sich die mit dem blauen Kleidchen noch zu Ashima runter, streichelte sanft ihren Kopf und gab ihr einen Kuss auf die Stirn. Jetzt gingen sie fröhlich lachend wieder die Treppe zum kleinen Raumschiff hinauf, die Treppe wurde eingezogen, die Luke schloss sich und das Ufo entfernte sich. Das wiederholte sich nun fast jede Nacht und nach einer Woche konnten wir feststellen, dass dieses Geschwür, das die Grösse einer Haselnuss hatte, bereits mehr als die Hälfte kleiner geworden war. Ich fuhr weiter mit

Matrixanwendungen, und auch der nächtliche Feen Besuch wiederholte sich immer wieder. Eines Nachts, als die Feen wieder bei ihr waren, nahm die mit dem blauen Kleidchen eine Spritze aus dem Körbchen der hellgrünen Fee, die hatte jedoch keine Nadel dran, sondern einen Saugnapf. Nun setzte sie diesen Saugnapf an Ashimas Verletzung und zog eine bräunliche Flüssigkeit heraus. Sonst war alles wie vorher; sie bekam Tröpfchen, der Zauberstab wurde eingesetzt, und auch das Küsschen fehlte nicht.

Am nächsten Morgen, stellten wir fest, dass das Geschwür vollständig weg war. Die Haare waren während der Zeit der Verbesserung auch wieder nachgewachsen, und wenn man mit dem Finger darüber strich, war auch keine Erhöhung mehr zu fühlen. Nach ca. zwanzig Tagen war Ashima total geheilt. Ich bedankte mich bei diesen Feen ganz herzlich für diese wundervolle Unterstützung.

Das ist aus meiner Erfahrung eines der schönsten Archetypenbeispiele, das verschiedene Sachen aufzeigt:

1. Es geschah, nicht weil ich es wollte, sondern weil ich es ohne Erwartung zuliess. Ich hatte nur den Fokus, dass

dieses Geschwür geheilt werden kann und verschwindet.

2. Auch hier verband ich mich mit dem Herzen und suchte mit der einen Hand einen Punkt, der war in Ashimas Energiefeld.

3. Mit der zweiten Hand war ich bereit einen zweiten Punkt zu finden, den ich dann mit dem ersten verbinden kann.

4. Aus der Matrixwelt kam dann sofort die Information, Archetypen zulassen. Das tat ich dann auch und liess zu, was dann wundervolles geschah.

Ich spürte auch während des ganzen Geschehens, wie ich nichts anderes tat, als diese zwei Energiefelder, dies aus der Matrix mit den Feen und dies von Ashima zu halten und zu verbinden. Ich war der Vermittler dieser zwei Welten. Und sonst schaute ich einfach mit viel Bewunderung zu, als dürfte ich an einem Wunder teilnehmen!

Wenn man sich öffnet, mit dem Herzen verbindet und sich getraut anzunehmen was da kommen kann, können die wundersamsten Dinge geschehen und sehr kraftvolle Transformationen und Heilungen können sich ereignen.

Wenn man mit den Archetypen noch nicht so vertraut ist, und sich selber auch noch nicht zutraut, so etwas wahrnehmen zu können, dann hilft oft diese Fragestellung: Wenn ich etwas sehen könnte, was würde das nun sein? Dann die zweite Frage: Wenn mir dieses Etwas helfen könnte, auf welche Art könnte das sein?

Wir haben bereits die verschiedensten Arten und Weisen von Archetypen erlebt und begegnet. Das können zum Beispiel auch Gegenstände wie Stangen sein, die man jemandem zum Halt geben ins Rückgrad stossen muss, oder geometrische Formen, oder Tiere, Vögel die man zum Beispiel auf die Schultern des Empfängers setzt, Engel, Ritter mit Schwert und Pferd, dessen Energie als Zweipunkt ins Feld des Empfängers geladen wird, könnte gebraucht werden für Mut und Integrität des Empfängers, usw. diese Möglichkeiten gehen in die Unendlichkeit, da hier nie Begrenzungen gemacht wurden; höchstens wir selber könnten es blockieren. Es ist auch klar, dass bei vielen, die die Archetypen anwenden wollen, sich der Verstand in die Quere stellt und sich als innere Stimme meldet wie: „Bist du nun total übergeschnappt, oder was fantasierst du denn wieder, dass kann doch gar nicht sein, das bildest du dir nur ein"… Weil unser Verstand duldet solche neuartige Einflüsse und Veränderungen nicht, da er eng   mit der Vernunft, die halt stark mit Glaubenssätzen, gesellschaftlichen Normen und Memen geprägt ist, zusammenarbeitet. Es kommt vor, dass durch den Verstand auch sofort die Angst vor Sachen, die wir nicht kennen hervorgerufen wird und die anscheinend nicht „normal" sind.

Aber wenn man fasziniert ist von den vielen Möglichkeiten, die uns die Matrixwelt öffnet, dann lernt man auch sehr gut mit den Einwänden des Verstandes umzugehen und kann ihn davon überzeugen, dass er sich beruhigen soll und dass alles ok ist!

Und jetzt wünsche ich Ihnen viel Spass beim Eintauchen in die Welt der Archetypen.

Die Fenster – ein hilfreiches Werkzeug Beatrice

Wir haben bereits ein paar Werkzeuge, oder Möglichkeiten kennengelernt, die wir für Matrixanwendungen abrufen und anwenden können. – Und es gibt noch mehr! Wer noch nicht so intuitiv Informationen empfangen kann, und sich das vielleicht auch noch nicht zutraut die richtige Information zu erhalten, sie zu erkennen und dann selbstsicher anzuwenden, für den gibt es ein ausgezeichnetes Hilfswerkzeug: die imaginären Fenster.

Wir stellen uns mit geschlossenen Augen ein, oder mehrere Fenster vor. Bei mehreren Fenstern, können wir jedem Fenster einen Namen geben. Zum Beispiel das Fenster für 2-Punkt, das Fenster für Archetypen, das Fenster für Fernbehandlung, usw. Wir können uns auch ein Fenster für „Behandlung fertig" einrichten. Wenn alle diese Fenster eingerichtet sind, können wir sie abfragen wie: ist da, bei diesem Klienten noch ein 2-Punkt zu machen? Ist das Fenster zu, ist kein 2-Punkt mehr gefragt. Ist das Fenster offen, mache ich noch einen 2-Punkt. Oder geht die Behandlung noch weiter? Ist das Fenster zu, schliesse ich mit der Matrixsitzung ab, ist das Fenster noch offen, fahre ich mit der Matrixanwendung noch weiter. Das gleiche können wir für alle anderen Werkzeuge oder Unsicherheiten anwenden; wir richten uns einfach ein Fenster ein, das mit „offen" oder „zu" unsere Frage beantwortet. Selbstverständlich können wir für die einzelne Frage auch ein einzelnes Fenster visualisieren.

Ich war einmal total verunsichert über eine Matrixanwendung bei einem Klienten, der schwer krank war. Damals hatte ich noch nicht so viel Erfahrung mit Matrix; und so beschloss ich

Dr. Richard Bartlett, bei dem ich die Ausbildung machte zu fragen, was ich den tun dürfe in diesem Fall. Er antwortete mit einem kurzen Satz: „frag doch ob du ein Fenster hast dazu?" – Von da an war ich sehr erleichtert, ich fiel nie mehr in einen Zweifel, denn ich frage seit her immer, ob ein Fenster dazu geöffnet, oder geschlossen ist.

Wie kann ich diese Fenster sehen? Indem ich sie mir, am Besten mit geschlossenen Augen vorstelle, und dann kann ich sie sehen, oder fühlen, ob sie offen oder zu sind. Ich stosse ganz leicht gegen den Fensterflügel und fühle, ob er sich öffnen lässt, oder ob ich gegen einen Widerstand stosse. Da gibt es eine Übung dazu:

Übung Fenster sehen und fühlen: Beatrice

Schliesse deine Augen

Ins Herz sinken

Mit der Kraft der Vorstellung, Vision, tauchen bei jedem auf seine Art Fenster auf. (mehrere oder einzeln)

Einzeln, im Kreis, in einer Fenstergalerie, in einer Reihe, ….

Und jetzt frage dich mal: „wenn sich so ein Fenster öffnen lässt, wie fühlt es sich an?" (ausprobieren)

Und jetzt: „ wenn sich ein Fenster nicht öffnen lässt, wie fühlt das sich an?" (auch ausprobieren)

Beide Varianten mit geschlossenen Augen durchführen und mehrmals wiederholen und üben.

Sind wir in der Wahrheit?

Beatrice

Es geht bald weiter mit noch mehr subtilen und feinstofflichen Wahrnehmungen und dazugehörigen Werkzeugen, mit denen wir unser Energiefeld von Blockaden, niedrig schwingenden, oder fremdbestimmten Energien befreien können. Gleichzeitig haben wir die Möglichkeit, uns von den Illusionen in denen wir uns bewegen zu befreien, und unser Bewusstsein entfaltet sich zusehend.

Um mit Matrix erfolgreiche Resultate zu erzielen, ist es ganz wichtig, den Focus von uns, wenn die Matrixbehandlung für uns selber bestimmt ist, oder den des Klienten oder Freundes, dem wir die Matrixanwendung geben, zu erkennen. Dafür gibt es ein paar wichtige Punkte, die vorher abzuklären sind. Ist der Matrixempfänger:

- Offen für eine Matrix?
- Offen für eine physische und psychische Veränderung?
- Glaubt er dass eine Transformation möglich ist?
- Kann er sich genau so annehmen wie er ist?

- Oder ist er im Widerstand mit sich selber und seiner Situation?
- Was laufen bei ihm für Programme?

Es geht hier wirklich darum, eine Abklärung zu machen, bevor ich mit Matrixbehandlung einwirke. Weil jetzt sind wir bereits etwas fortgeschrittener, und können auch bewusstseinsmässig etwas dazu beitragen. Es ist so wichtig, ob man offen für eine Veränderung ist, oder eben nicht. Wenn wir uns gegen eine Veränderung wehren, sie nicht annehmen können, oder sogar Angst haben davor, (das kommt übrigens sehr oft vor), dann ist die helfende Einwirkung der Matrix nur von kurzer Dauer, oder kann unter diesen Umständen auch nicht einwirken. Es ist daher ganz wichtig, dass wir mit dem Klienten darüber reden und ihm erklären, dass er sich einfach unbekümmert öffnen soll, dankbar jede Veränderung annehmen soll, und sich ohne viele Gedanken darüber zu machen, mit der neuen Situation anfreundet. Weil es sind oft die Gedanken, die uns in einen Zweifel bringen und uns dann blockieren. Es wäre also sehr vorteilhaft, wenn wir uns dem Einwirken der Matrix öffnen und ins Vertrauen gehen, dass alles gut ist, wie es ist und sich verändern wird. Gedanken wie, das kann doch nicht sein, oder was ist da genau mit mir geschehen, das ist doch nicht typisch für mich, den andern ist meine Veränderung auch aufgefallen, oder so eine Matrix kann ja nicht für ewig wirken, …. usw. das wäre alles kontraproduktiv. Also sich öffnen und ins Vertrauen gehen ist ganz wichtig und beeinflusst die Wirkung der Matrix!

Es ist auch sehr wichtig, dass wir als Matrixanwender und Empfänger lernen authentisch zu sein; was heisst das. Dass wir lernen uns von „so zu tun als wäre" verabschieden, aus Gründen zum Beispiel niemanden zu verletzen, oder gut dazustehen, sich nicht getrauen, oder aus Scham… Wenn wir uns mit höheren Dimensionen verbinden und sie in unser Feld einfliessen lassen, hier bei Matrixanwendung, laden wir Information aus der fünften Dimension runter und verbinden uns damit; dass wir in diesem Moment, uns selber immer in der Herzenergie befinden, und unsere Schwingung erhöhen. Die Schwingung ist auch viel höher, wenn wir nicht im Widerstand zu etwas in uns sind. Nicht im Widerstand zu sein heisst auch, alles was ich bin, denke, fühle, tue, alles nehme ich liebevoll an und akzeptiere es voll und ganz. Alles was ich sage, kommt aus meinem

Herzen, ich spüre meine innere Wahrheit und ich teile sie eins zu eins mit. Ich muss nichts verschweigen, verdrehen, verschönern, verstecken, weil es authentisch zu mir ist. Das gibt nicht nur ein sehr befreiendes Gefühl, wenn man den Mut hat authentisch zu sein, das erhöht auch die Schwingung des Energiefeldes und die Verbindung zu dem Matrixfeld wird intensiver.

Hier eine Übung dazu, zum Selbermachen, oder mit einem Klienten als geführte Meditation:

Meditation „ In die Wahrheit gehen.“ Beatrice

Schliesse deine Augen, werde ganz still und atmet tief ein und aus. Geh dann mit deiner Aufmerksamkeit zu deinem Herzen.......fühle dein Herz und fühle auch die unbegrenzte Liebe und Verbindung zu allem was ist, zum ganzen Universum ....werde ganz still und atme tief ein und aus...........

Stell dir nun eine Lebenssituation vor, in der du nicht aus deinem Herzen gehandelt hast......... in der du nach den Erwartungen von andern Menschen, Arbeitsgeber, Partner,

Gesellschaftliche Norm usw. entsprechend agiert hast.

.............in der du dich angepasst hast, innerlich aber ein unangenehmes Gefühl eines Widerstandes fühltest. Einen Widerstand, weil das, was du da getan hast deinem Wesen gar nicht entsprach.............geh nun noch einmal dorthin in diese Situation, bevor du ja dazu gesagt hast. ......atme tief ein und aus und spüre in dein Herz, was deine wirkliche Wahrheit dazu ist..........lasse zu, dass diese Wahrheit zu dieser Situation sich zum Ausdruck bringen kann.................Atme tief ein und aus...............stell dir nun vor, wie du diese Wahrheit deinem gegenüber zum Ausdruck bringst........... aus dem Gefühl heraus achtsam, respekt- und liebevoll mit deinem Wesen umzugehen, ... fühle auch den Respekt und die Anerkennung von dir selber und von deinen Mitmenschen, weil du nun ganz in deiner Wahrheit, deinem Wesen entsprechend gehandelt hast..........fühle wie kraftvoll dieses Gefühl sich über dich ausbreitet und dich wie eine Sonne strahlen lässt..........atme tief ein und aus.............in dem du in deiner Wesenskraft bist und in deinem Herzen, bist du ein beispielhaftes Vorbild für deine Familie, Bekannten,

Freunde, Berufskollegen..........für alle, die mit
dir zu tun haben und für alle, die mit denen zu
tun haben........für die ganze Welt.......um mit
dem ganzen Universum in Einklang zu
kommen........... Ein Teil des goldenen
Zeitalters zu sein........das uns in ein neues
Bewusstsein führt.................atme tief ein und
aus und vertiefe dieses wunderbare Gefühl.

Komme dann in deinem Rhythmus ganz
langsam zurück ins hier und jetzt und öffne
die Augen.

Die Frequenzen   Beatrice

Es war einmal ein Arzt, der arbeitete mit der
Kraft verschiedener Kombinationen von
Kristallen. Für mehr und mehr Krankheiten
und psychisches Leiden fand er immer wieder
neue Kristallkombinationen. Diese
Kombinationen verstaute er in individuellen
Dosen und bewahrte sie so auf, bis er sie
wieder für einen Patienten anwenden konnte.
Die Wirkung war sehr kraftvoll. Dr. Richard
Bartlett, einer der grossen Entdecker der
Matrixanwendung, kaufte diese Dosen mit den
Kristallkombinationen, als der Arzt, der sie

schon lange für seine Patienten angewendet hatte, starb. Als Dr. Bartlett damit zu arbeiten begann, stellte er fest, dass diese Dosen, mit den darin speziell kombinierten Kristallen, eine starke Schwingung haben, und jede Dose bildete ein Energiefeld. Richard machte folgendes: er gab jeder Dose eine Nummer und kategorisierte diese Nummern unter Frequenzen. Jetzt brauchte er bei einer Matrixanwendung nur noch mit dem Fokus auf Frequenzen zu gehen und die Nummern abzufragen... und schon wirkten die den Kristallkombinationen zugeordneten Nummern als Frequenz, oder Energiefeld auf den Matrixempfänger ein, als hätte er die Kristalle mit ihren heilenden Wirkungen selber in der Hand. Wie bei allen Energiefeldern vergrössert sich das bestehende Feld weiter und weiter, je mehr Anwender damit arbeiten und es einsetzen. (Inzwischen ist es bereits sehr kraftvoll geworden und zeigt immer wieder eine starke Einwirkung). Und hier sind die Frequenzen, die für uns ein weiteres Matrixwerkzeug anbieten. Auch hier kann man nach einem Fenster für Frequenzen fragen.

Die Matrix Frequenzen

Frequenz 1

Vitalität / Lebensenergie

Steigert die körperliche Energie und vitalisiert den Körper insgesamt. Verbessert den Informationsfluss.

Farbe: rot/gold, warm/heiss, kann sehr intensiv sein.

Frequenz 2

Nervensystem / Kommunikation

Alles was mit dem Nervensystem zu tun hat und/oder den Anpassungen, die seinetwegen gemacht wurden.

Farbe: blau.

Frequenz 3

Harmonisieren und ausgleichen.

Farbe: rosa/scharlachrot.

Frequenz 4

Körperliche Neuordnung

Muskeln, Knochen, Sehnen, Gelenke und Faszien. Erdung.

Farbe: braun/schwarz

Frequenz 5

Emotionen

Kommunikation zwischen den Zellen. Essenz der universellen Liebe.

Farbe: rosa.

Frequenz 6

Ahnenheilung

Muster im Mutterleib; hilft bei lang bestehenden, emotionalen und mentalen Traumen.

Farbe: smaragdgrün.

Frequenz 7

Emotionen, die die Körperschablone beeinflussen: Hilft tiefe Emotionen im Zellgedächtnis zu transformieren.

Farbe: orange, Erdtöne.

Frequenz 8

Integration

Beseitig lang bestehende Gewohnheiten, so wie emotionale Strukturen und solche der Persönlichkeit, die mit der seelischen Entwicklung zusammenhängen. Entfernt Giftstoffe.

Frequenz 9

Spirituelle Reinigung

Unterscheidet sich deutlich von allen andern Frequenzen. Reinigt die spirituelle Essenz des Körpers. Diese Energie ist eine sehr bewegliche, intensive, lebendige Intelligenz, die angesammelte fremdbestimmte Muster beseitigt. Man kann sie einsetzten, um Fremdenergien, verwirrte mentale Gedankenformen, Flüche, zwischenmenschliche energetische Interaktionen zu transformieren.

Farbe: durchsichtig.

Frequenz 10

Der Tröster

Eine kraftvolle und gleichzeitig sanfte Energie, die Entschlossenheit und Stärke vermittelt. Eine warme Decke aus Liebe, die einen einhüllt. Sie durchdringt die Aura, den physischen Körper, die Emotionen und den Mentalkörper.

Farbe: durchsichtiges hellrot.

Frequenz 11

Mütterlich / nährend

Zieht Toxine tief aus dem Körper. Sehr erdig.

Farbe: waldgrün.

Frequenz 12

Reparatur der Energiezentren, Chakren, Mikrochakren nicht körperlich.

Farbe: schwarz, ölig.

Frequenz 13

Genetische Schablone

Diese Energie wirkt ausserhalb des physischen Körpers. Sie ordnet das Feld neu, das die DNA beeinflusst. Sie kann morphogenetische Felder reparieren.

Farbe: quarzkristall.

Frequenz 14

Verändert die Schwingung einer physischen Zellschablone.

Farbe: obsidian, schwarz.

Frequenz 15

Kreislauf, Zellkommunikation

Reinigt und ordnet die magnetischen, elektrischen und biochemischen Vorgänge im Körper neu. Sehr nützlich für die Hormone und die Zustände, die sie herbeiführen.

Farbe: kräftige klare Farben, oft rot/rosa.

Frequenz 16

Delphine und Wale

Bedingungslose Liebe. Sehr weise. Freudig, spielerisch, nicht wertend, entspannend, beruhigend. Beseitigt Stress und Missverständnisse. Vermittelt Mut.

Frequenz 17

Wird eingesetzt bei funktionellen, anatomischen und biochemischen Körperabläufen. Auf systemische Körperprozesse. Goldene ineinander greifende Gitter mit eigener Intelligenz.

Frequenz 18

Trancezustände: weckt die Kundalini, erweitert das Kronchakra, richtet den physischen Körper neu aus, Yoga, alte Körperweisheiten.

Frequenz 19

Hilft den göttlichen Funken wieder zu entzünden: tiefe innere Ruhe, stiller meditativer Raum, Seelenverbindung, goldenes Licht.

Frequenz 20

Kristallstrukturen: reinigt die Chakren, Meridiane, Räume, Emotionen usw.

Möglicherweise kann man damit andere Frequenzen verstärken.

Farbe: quarzweiss.

Frequenz 21

Hilft den inneren Raum zu erkunden;
Parallelwelten, Seelenrückführung, Raum-
Zeitreisen. Hilft, Informationen von Geistern zu
bekommen.

Es ist ganz einfach die Frequenzen
anzuwenden. Ich schaue einfach ob ich zu den
Frequenzen ein Fenster habe, wenn ja lasse
ich mir vor dem inneren Auge Zahlen zwischen
eins und einundzwanzig zeigen, lasse die
Frequenzen die sich mir zeigen, oder die ich
zum Beispiel mit einer inneren Stimme auch
hören, oder ganz einfach wissen könnte, in das
Matrix empfangende Feld runterladen. Fertig.
Ich brauche von keiner einzigen Frequenz zu
wissen, um was es bei ihr inhaltlich geht. Ich
kann später nachlesen, wenn ich das gerne
wissen möchte; aber in dem Moment, wenn die
Zahl erscheint, setze ich sie einfach ein und
vertraue, dass es genau richtig ist so.

Viel Spass!! Es macht Freude sie auf so
spielerische und einfache Art anzuwenden,
und es kann eine sehr kraftvolle Wirkung
haben!

Wie kann ich meinen Tag matrixen   Rolf

In der Matrix Dimension existieren unendlich viele Möglichkeiten. Also wie kann ich meinen heutigen Tag in die für mich beste Ausgangslage matrixen?

Was sind die Erfahrungen, die ich heute erleben möchte? Neue Menschen anziehen? Positives Resultat in einem wichtigen Gespräch? Wichtige Entscheidung? Mehr Geld verdienen? Neue Ideen umsetzen? Mehr Freude erleben? Einen harmonischen Tag in meiner Beziehung erfahren? usw.

Denken Sie an den heutigen Tag und legen Sie diesen auf den ersten Punkt. Gemäss Ihres Zustandes und ihrer Lebensphase gibt es eine Variante, die für Sie heute Ideal ist. Klar gibt es dabei viele ähnliche Möglichkeiten, wir vertrauen darauf, dass das Matrixfeld die Bestmögliche für uns aussucht.

Um meinen Tag zu matrixen, für den zweiten Punkt benutze ich am liebsten ein Wort, um meine Intention darüber auszudrücken, was ich heute für mich erfahren möchte. Die Worte wie Harmonie, Erfolg, Kreativität, Gesundheit,

Freude, Ruhe, Zufriedenheit, Dankbarkeit,
usw. Mit diesen Kraftworten drücke ich die
klare Absicht aus, um die Möglichkeit zu
erhalten, mich in die gewünschte Richtung zu
lenken.

Manchmal erfahren wir ganz neue Dinge die
sogar auf den ersten Blick nicht allzu positiv
sind, sich im Nachhinein jedoch als perfekt
entpuppen.

Beatrice

Es muss also nicht ein körperliches, oder
psychisches Leiden sein, das uns zu einer
Matrixanwendung bewegen kann.
Matrixanwendungen können immer und
überall helfen eine Situation zu verbessern,
oder gar zu retten. Als Rolf und ich uns
beschlossen haben ins Tessin zu ziehen und
dort zu leben, suchten wir uns eine passende
Wohnung. Bald wurden wir fündig und
machten einen Termin mit dem Vermieter, um
sie einmal näher anzuschauen; und wenn sie
uns gefällt, wollten wir ihn fragen, den
Mietvertrag für uns vorzubereiten. Alles lief
hervorragend, die Wohnung entsprach
unseren Wünschen, der Vermieter war bereit
uns den Vertrag zu schicken, bis zu dem

Punkt, als ich erwähnte, dass wir einen Hund haben. Der Vermieter verzog fast ärgerlich sein Gesicht, schüttelte den Kopf und sagte uns, dass er in seinem Haus keine Hunde dulden werde. Enttäuscht über seine Entscheidung gingen wir nach Hause und die Suche nach einem neuen Zuhause im Tessin ging bald weiter. Als ich auf dem Internet bei den Tessinerwohnungen herumsurfte, traf ich wieder auf das Inserat von der Wohnung, die für uns so stimmig gewesen wäre. Da kam ich auf eine Idee: Man hatte uns in unserer Matrixausbildung ja gesagt, dass wir Matrix in jeder Situation einsetzen können, und das tat ich dann auch. Ich nahm das Bild mit der Wohnung auf dem Inserat und verband mich mit dieser Energie. Dann lud ich den Vermieter des Hauses ein, einfach nur die Wunschenergie für dieses Haus von uns zu empfangen und auch die Freude, falls wir die Zusage bekommen würden. Ich machte also diese Matrix in Form von einem einfachen 2-Punkt, lud die aus der Matrix kommenden Informationen herunter und in ein paar Sekunden war diese Anwendung beendet. Nach etwa zwanzig Minuten klingelte das Telefon; der Vermieter dieser Wohnung war dran und liess uns wissen, dass er es sich anders überlegt hätte und uns den Mietvertrag schicken würde.

Matrixanwendung hat wirklich keine Grenzen. Was immer zu beachten ist, die Absicht sollte nie so sein, dass man jemanden manipuliert für etwas, oder dass man eine Anwendung für jemanden macht, ohne dass derjenige darüber genau informiert wird! Sonst gibt es keine Grenzen, ob man eine Matrixanwendung einsetzen kann; ist man jedoch nicht sicher, gibt es immer noch die Fenster, die man abfragen könnte.

Hier noch ein weiteres Beispiel Matrix anzuwenden:

Energetische Reinigung von Räumen und Gegenständen
Rolf

Mit der 2-Punkte Methode können wir einen Raum oder Gegenstand mühelos von negativen Energien reinigen und ebenso imprägnieren für die Zukunft. Büros und Verkaufseinrichtungen werden gematrixt, damit sich auch die darin arbeitenden

Personen, deren Vorgesetzten und Besitzer, wohlfühlen werden.

Nachdem Sie die Räume, selbst über Distanz gematrixt haben, ergeben sich neue Möglichkeiten. Ein Projekt, das bis dahin nur langsam voranging, kann von jetzt an echte Dynamik gewinnen.

Bei der energetischen Raumreinigung gehen wir so vor, dass Sie mit Ihrem Geist den Raum erfassen(oder über ein Foto geht auch) den Sie zu reinigen beabsichtigen und diesen auf den ersten Punkt legen. Senden Sie die Intention, dass sich alle negativen Energien, Gedanken, Erinnerungen, Endtäuschungen, verflüchtigen und auflösen.

Anschliessend können Sie den Raum imprägnieren, indem Sie diesen ebenso auf den ersten Punkt legen und die Intention senden, dass sich Personen, die sich in diesem Raum aufhalten, wohl fühlen, kreativ arbeiten, Freude erleben, und erfolgreich den Tag verbringen.

Zeitreise

Rolf

Wir erleben eine lineare Zeit von Vergangenheit über Gegenwart in Richtung Zukunft, aber die Quantenphysiker sehen dies etwas anders. Zeit, so sagen sie, sei eine Kugelwelle, die sich in alle Richtungen hin ausbreitet. So laufen zwar Wellen aus der Gegenwart in die Zukunft (die man Angebotswellen nennt)-und das können wir uns gerade noch vorstellen. Aber anderseits laufen auch Wellen aus der Zukunft in Richtung Vergangenheit, kommen uns quasi aus unserer Zukunft entgegen (Echowelle).

Das heisst, dass es ganz und gar nicht egal ist, welche Gedanken- und vor allem Gefühlswellen wir in unsere Zukunft projizieren! Darin könnte auch die Erklärung für das Phänomen der sich selbst erfüllenden Prophezeiung liegen.

Daraus folgt, dass wir, während die Quantenwelle wirkt, sowohl mit unserer Vergangenheit Verbindung aufnehmen können, als auch mit unserer idealen Zukunft.

Wenn wir als Kind etwas erlebt haben, das uns damals stark verletzt hat und heute noch in unserem Energiefeld gespeichert ist, gehen wir mit der Absicht, dass sich diese Verletzung transformiert und auflöst in die Matrixanwendung hinein, gehen in der Zeit zurück zu diesen aktuellen Ereignissen, die diese Verletzung ausgelöst haben und nehmen das als den ersten Punkt im Energiefeld des Empfängers. Für den 2. Punkt lassen wir uns führen wie immer, empfangen die Informationen aus dem Matrixfeld und laden sie herunter.

Der erste Punkt ist das jüngere Selbst das verletzt wurde, der zweite Punkt ist das in unserer Fantasie positiv veränderte Selbst, das transformiert wird. Wie es transformiert wird, entscheidet die hohe Intelligenz des Matrixfeldes.

Die Zeitreisetechnik

Rolf

Machen Sie eine „Vermessung" wie bei der Zwei-Punkte Methode beschrieben.

1. Erfragen Sie das Alter des Klienten. Das ist Ihr Ausgangspunkt.
2. Stellen Sie in Ihrer Vorstellung eine stehende Welle her, die sich weiter aufbauen darf, während Sie in Schritten von fünf Jahren rückwärts zählen.

3. Formulieren Sie Ihre Absicht, dass diese stehende Welle sich aktiviert, sobald Sie sich der Zeit des Ereignisses nähern.
4. Wenn Sie diesem Zeitraum nahe kommen, werden Sie spüren, wie sich das Gewebe verändert. Recht häufig spürt der Klient körperlich, wie sich das Ereignis, oder die Beschwerde löst.
5. Messen Sie erneut. Möglicherweise braucht es mehr als einen Zeitpunkt, um die Erkrankung, oder die Blockade zu lösen.

Auch hier ist es wichtig, in die Herzenergie einzutauchen und eventuell ein Fenster zu fragen, ob eine Zeitreise angewendet werden soll.

Beatrice

Auch da gibt es ein paar sehr interessante Geschichten zu erzählen, die Situationen schildern, wann eine Zeitreise sinnvoll sein kann, und was für Folgen daraus entstehen können.

Als wir ganz neu ins Tessin umgezogen waren, gingen wir am Fluss Ticino entlang spazieren.

Unsere lebhafte Rhodesian Ridgeback Hündin war damals nur fünf Monate jung. Sie jagte aktiv einem Falter nach, den sie unbedingt zu fangen versuchte. Dabei geriet ihr linkes Vorderbein in eine Spalte von zwei nebeneinander liegenden Granitplatten, von denen es im Tessin sehr viele hat. Da sie am Rennen und Springen war, stürzte sie über das eingeklemmte Bein. Ihr Körper rollte sich darüber, und das Bein verbog sich in eine unnatürliche Position. Schreiend vor Schmerzen blieb sie liegen. Wir halfen ihr sofort aus dieser Spalte und befürchteten, dass das Bein gebrochen war. Immer noch schreiend und nur auf drei Beinen stehend, schaute sie uns verzweifelt und hilflos an. Sofort beugten wir uns zu ihr runter; ich hielt das arme schreiende Hündchen, während dem Rolf ihr eine Matrixbehandlung gab; und zwar eine Zeitreise. Beim Zurückzählen in Sekunden, spürte er plötzlich eine Welle, sagen wir mal bei Sekunde 20. Sofort stoppte das Schreien von unserer Hündin Ashima. Sie stand kurz danach auf ihr verletztes Bein, schüttelte sich ergiebig und trottete leichtfüssig wie immer davon, als wäre nichts passiert.

Was war geschehen? Ganz einfach: wir hatten im ersten Punkt das schmerzende Bein von dem wir befürchteten, dass es gebrochen war. Dann war der Fokus klar ausgerichtet auf: Bein wieder gesund und schmerzfrei. Durch die Information des Matrixfeldes, wurde die Zeitreise angewendet und in Sekundenschritten zurückgezählt. Als die Zeit kurz vor dem Unfall erreicht wurde, gab es als spürbares Zeichen eine Art Welle zu spüren, die mit dem Feld des verletzten Beines wie ein 2-Punkt verbunden wurde. Jetzt wurde die Information von der Zeit, als das Bein noch unverletzt war auf die Zeit mit dem verletzten Bein heruntergeladen. Durch das Herunterladen der Information des gesunden Zustandes, konnte sich der Zustand vom verletzten Bein wieder in den Zustand des gesunden Beins transformieren. Diese Information wurde ganz klar unserer Absicht und dem Focus: Bein gesund und schmerzfrei, angepasst. So einfach geht das!

Eine andere Geschichte, bei der es sich auch um einen Hund handelt, war folgendes geschehen. Ein Mann fuhr mit seinem Auto einen Hund stark an, da er ihm aus einer unübersichtlichen Nebenstrasse vor sein Auto rannte. Der Hund blieb regungslos liegen. Als der Mann beim Hund angekommen war, bewegte er sich immer noch nicht und blutete aus dem Mund. Er fühlte und hörte auch kein Atmen mehr. Inzwischen kam die Besitzerin weinend dazu und es sah so aus, als sei ihr Hund tot. Der Mann, der das Auto gefahren war, erinnerte sich plötzlich an ein Buch, das er über Matrixanwendung gelesen hatte und dort las er auch, wie man die Zeitreise anwenden kann. Er dachte sich, dass er das nun ausprobieren und es damit versuchen möchte. Er zählte zurück, bis kurz vor der Zeit des Unfalls, er spürte die Welle und es war wie ein Wunder, als der Hund plötzlich wieder atmete, aufstand, sich schüttelte und mit dem Schwanz wedelte, als wäre nie etwas geschehen. Die Besitzerin traute ihren Augen nicht, war natürlich überglücklich, dass ihr Hund wieder lebte. Sie wollte auch wissen was der Mann genau gemacht hatte, der sagte aber nur, dass er vor kurzem ein Buch über Matrixanwendung gelesen hätte und es einfach mal ausprobierte; er wisse auch nicht, was genau geschehen sei.

Auch da wieder das gleiche: das Feld des verunfallten, Fokus, Verbindung zum Zustand vor dem Unfall wird als Information heruntergeladen, und die Situation kann sich in den Zustand vor dem Geschehen transformieren. Wie, entscheidet das Matrixfeld; wir verbinden nur die sich zeigende Information und laden sie in das Feld des Empfängers herunter.

Wir haben auch die Erfahrung gemacht, dass Tiere sich sehr gut eignen, eine Matrixanwendung zu empfangen. Sie haben keine Vorurteile, und ihr Verstand blockiert sie nicht; sie sind einfach offen und merken sofort, dass da etwas geschieht, das ihnen hilft. Unsere Hündin Ashima, wenn sie sich verletzt hat, oder sich weh getan hat, dann kommt sie sofort zu uns, streckt uns den Körperteil der schmerzt (z. B. die Pfote) entgegen und will, dass wir ihr eine Matrix geben.

Einmal waren wir auf unserem Morgenspaziergang am Fluss und Ashima spielte und tobte mit ihrem Freund herum. Da kam noch ein dritter Hund dazu, den wir aber nicht kannten. Der Besitzer dieses Hundes, gesellte sich zu uns und wir schauten den drei spielenden Hunden zu. Plötzlich schrie der fremde Hund auf und kam winselnd auf nur drei Beinen dahergehumpelt. Sein Herrchen bückte sich zu ihm runter und wollte nachschauen, ob er sich verletzt, oder bei einem Fehltritt verrenkt hatte. Sein Hund dagegen, hinkte neben ihm vorbei und stellte sich vor Rolf und mich, hob sein schmerzendes Bein hoch und schaute uns direkt in die Augen. Für uns war das unmissverständlich, und wir gaben ihm eine Matrix. Danach ging er, als wäre nichts geschehen und spielte weiter mit unseren Hunden. Sein Herrchen, schaute uns etwas erstaunt an und unsere Kollegin, die Besitzerin von Ashimas Freund fragte uns: „wie weiss jetzt dieser Hund, dass ihr Matrix macht?" Er weiss es nicht, er spürte einfach in diesem Moment, dass er bei uns etwas bekommen würde, dass ihm hilft, und er folgte seiner Intuition.

Es ist erstaunlich, dass solche Dinge auf eigentlich so einfache Art möglich sind! Aber genau das ist ja so faszinierend, dass wir Zugang zu diesem Feld, der überaus hoch intelligenten Energie und Schwingung haben, und sie auf so einfache Art und Weise anwenden können. Wir sind auch noch ganz am Anfang dieser Möglichkeiten und durch mehr Übung und Erfahrung, werden sich auch immer mehr Möglichkeiten aufmachen, zu denen wir Zugang bekommen.

Ihr seht, Zeitreise in die Matrixanwendung zu integrieren, können kleine und grosse Wunder vollbringen!

Eine persönliche Zeitreise Geschichte   Rolf

An einem Sonntagabend waren wir bei Freunden zum Nachtessen eingeladen. Wir fuhren noch schnell in einen Park damit unsere drei Monate kleine Hündin Ashima einen kurzen Auslauf haben konnte. Während der Fahrt, hatte ich die Hündin auf meinem Schoss, damit sie nicht im Auto rumalberte. Ich sass leicht nach vorne gebeugt und was noch dazukommt ist, in dem Alfa Romeo sitzt man eher tief.
Als Bea mir die Tür aufmachte, damit ich Ashima von meiner Schoss auf den Boden stellen konnte, musste ich mich komisch bewegt haben, denn als ich auf meinen Beinen stand, hatte ich einen stechenden Schmerz in meiner Bauchgegend. Dieser Schmerz, der sich anfühlte wie ein Bauchkrampf, wurde bei jedem Schritt stechender. Ich hatte Mühe zu atmen, mir lief der Schweiss von der Stirn, der Schmerz wurde unerträglich.

„Rolf, du bist ja ganz weiss im Gesicht, ist dir nicht gut?!" sagte Bea.

„Ich glaube, mein Zwerchfell hat meinen Magen eingeklemmt, ich bekomme keine Luft mehr!" antwortete ich schwer atmend.

Ich legte mich hin, um meinen Bauch zu strecken und den Krampf zu lösen, keine Milderung. Bea und ich versuchten einen 2-Punkt, NICHTS! Ich bekam Panik, der Schmerz war der schlimmste Schmerz den ich je gespürt hatte.

„Ich glaube du musst einen Krankenwagen rufen, ich kann nicht mehr, ich glaube ich werde bald Ohnmächtig"! In diesem Augenblick erinnerte ich mich an die Zeitreise Technik die ich vor einigen Monaten gelernt, aber noch nie geprobt hatte.

Ich zählte in der Zeit rückwärts …… als ich beinahe bei 6(Minuten) angekommen war, konnte ich vor Schmerz nicht mehr, mein Kopf wurde schwer, mit Mühe flüsterte ich zu Bea „Zähl zurück, aber zähl mindestens bis 7 oder 8(Minuten), die Zeit die verstrichen war seit meinem Aussteigen aus dem Alfa.

Bea arbeitete weiter an mir und bei 8 Minuten, fühlte es sich an, wie ein intensiver Luftzug mich streifen würde und der Schmerz lichtete sich sofort. Ich konnte wieder atmen, normal reden, innerhalb einiger Minuten war der ganze Rummel vorbei. Vielleicht noch ein kleiner Schock war da, ein Schock über wie schnell eine so enormer Schmerz in Sekunden auftreten konnte; aber dank Matrix auch so schnell wieder verschwindet.

Bei unseren Freunden angekommen genehmigte ich mir 1-2 Gläschen von dem alten Grappa zum Beruhigen, denn ich war immer noch geschockt und beeindruckt von dem intensiven Erlebnis, das ich soeben erlebt hatte.

Unsere Freunde meinten trocken: „nun kannst du wenigstens diese Technik an den Seminaren unterrichten, und aus eigener Erfahrung erzählen!"

Parallele Welten

Rolf

Die Quantenphysiker gehen tatsächlich davon aus, dass es neben unserer Realität viele parallele Realitätsebenen gibt. Alle nicht gewählten Realitäten, lösen sich in unserer Realität auf und manifestieren sich in einer parallelen Realität. Zu diesen haben wir zwar mit unserem alltäglichen Bewusstsein keinen Zugang, im Zustand der Quanten – Bewusstheit können wir jedoch darauf zugreifen, um gewissermassen Anleihen zu machen- sofern es dort etwas für uns Nützliches, Hilfreiches, Wertvolles zu holen gibt!

Was spricht also dagegen, sich eine dieser parallelen Welten vorzustellen, in der die perfekte Lösung für unser derzeitiges Problem, der ideale Ausgang für unser gerade aktuelles Thema, oder die Erfüllung unseres Herzenswunsches potential enthalten oder gar manifestiert ist?

So eröffnet uns auch das Spiel mit parallelen Welten verschiedene spannende Möglichkeiten.

- Welches parallele Selbst lebt gerade all meine Wunschträume aus?
- Welches parallele Selbst hat dieses aktuelle Problem bereits mit Leichtigkeit gelöst?
- Welches parallele Selbst lebt soeben die ideale Lösung meiner momentanen belastenden Thematik?

Mit diesen oder ähnlichen Fragen gehe ich in den Zwei-Punkt und mache mir so die Ressourcen aus einer parallelen Welt zugänglich.

- Von welcher parallelen Realitätsebene, kann ich mir Fähigkeiten, oder Möglichkeiten ausleihen, die mir in meinem Hier und Jetzt nützlich sein könnten?

Meine heutige Situation (Finanzen, Beziehung, Sucht, Beruf, Gesundheitszustand, etc.) ist mein erster Punkt.

Der zweite Punkt ist die parallel Welt in der das Problem bereits gelöst ist, lasse die Welle kommen…. Und loslassen. Auch hier wieder in die Herzenergie eintauchen, schauen oder erfühlen ob es ein Fenster zur Parallelwelt gibt, wenn ja, arbeite ich damit.

In meiner Praxis habe ich schon öfters erlebt, dass ein Kunde mit unmöglichen Chancen ein Thema zu verändern, mit dieser Technik erfolgreich war.

Ein Beispiel: Dieser Mann versuchte seit Monaten sein Haus zu verkaufen. Die Zeit drängte, er senkte den Preis zwei Mal und trotzdem verkaufte sich das Haus nicht. Der Mann war sehr verzweifelt und hatte grosse Angst, dass er noch lange warten müsse, bis sich das Haus endlich verkaufen würde.

Nachdem er mir den Fall gründlich geschildert hatte, fühlte ich über das Werkzeug Fenster, ob da ein Parallel Welt Fenster offen sei. Es war offen und sogleich testete ich weiter über die Fenster, auf welcher Parallelebene er das Haus bereits verkauft hatte.   Auf der Ebene 3 war das der Fall, und mit einer 2-Punkt Anwendung fiel der Klient zurück, und ich fing ihn auf.

Nach einer kurzen Zeit, von ca. zwei Wochen meldete sich ein Käufer, sechs Wochen später zog der neue Besitzer ein.

In den USA gibt es tausende von Anwendern die eine sehr ähnliche Technik ausüben

(Quantum Jumping). Zugang zu einem Doppel aus einer Parallel Welt.

Nach all den tollen Erfahrungen, bin ich ein grosser Fan von dieser Paralleltechnik.

Das Ganze erinnert mich an eine Erfahrung, die ich vor einigen Jahren mit Thomaz Green Morten, einem Heiler/Medium/Magier in Brasilien machte.

Ich hörte von Thomaz an einer grossen Veranstaltung in Basel.

Mir wurde gesagt, er sei einer der grössten Magier unserer Zeit, für Ihn gäbe es keine Grenzen, er könne alles nur erdenkliche oder undenkliche manifestieren. Aus einem Hühner Ei lässt er in wenigen Minuten ein Küken ausschlüpfen, und dann innert kürzester Zeit wird es zu einem ausgewachsenen Huhn, und danach wieder zum Küken und Ei zurück. Er demonstriert das an vielen Messen vor Teilnehmern und Wissenschaftlern. Aus einem alten schrumpfligen Apfel macht er wieder einen knackigen saftigen Apfel. Aus seinen Händen tropft ein Parfum-Duft, der schönste Duft den du je gerochen hast, in der ganzen Halle können es tausende von Teilnehmern riechen.

Also flog ich nach Sao Paulo/Brasilien. Nach ca. sechs Stunden Taxi Fahrt, erreichte ich die Stadt in der er wohnte.

Am Abend wurde ich von ihm und seiner Partnerin abgeholt, um an seiner abendlichen Mentalisation teil zu nehmen. Thomaz sprach eine sehr kraftvolle Mentalisation/Meditation in seiner portugiesischen Sprache, dabei spürte ich, dass er in meinen Kopf und Körper hinein kam, um mich zu erkennen.

Als wir auf seinem Grundstück in einen sehr langen Korridor eintraten, waren da sehr viele, eingerahmte Bilder von Teilnehmern die ihn bereits besucht hatten. Da waren so viele bekannte Menschen aus Sport, Filmschauspieler, Regisseure, Politiker, Schriftsteller, Finanzgrössen, alle sehr bescheiden bei Ihm, oder seiner Partnerin Christine stehend oder sitzend. Er betonte, dass er mit jedem seiner Gäste ein Foto aufnimmt um es hier in seiner Galerie auf zu hängen.

Ich möchte hier nicht allzu viel berichten, denn für jeden der zu Thomaz geht, hat er etwas ganz spezielles und sicherlich unerwartetes bereit. Er weiss total alles, was uns je (auch in vergangenen Leben) geschehen war.

Für mich war einer der speziellsten Momente, als er mich seinen ausser Irdischen vorstellte. Oder als er ganz normalen Eiswürfel, die ich in meiner Hand hielt, in vier Kristalle umwandelte. Die fünf Tage bei ihm vergingen wie im Flug, am liebsten wäre ich für immer bei ihm geblieben. Wenn wir vom Matrix Feld sprechen, sprechen wir von der 5. Dimension, von der Dimension, auf die sich unser Planet hinbewegt. Thomaz lebt hier und jetzt bereits in der 5. Dimension, er vermittelt das, indem er immer wieder Gegenstände verändert oder manifestiert (tief gefrorene Hühner und Enten in Sekunden auftaut und sie wieder zum rennen bringt). Für jeden Besucher etwas spezielles, seine Kernbotschaft jedoch ist, alles was ich mache, kannst du auch, du hast nur noch nicht dein ganzes Potential erreicht. Er ist ein Meister aus der 5. Dimension und trotzdem lebt er bescheiden und lustig sein Leben. Für mich war es, als hätte ich meinen kosmischen Bruder gefunden.

Ich habe mit ein paar Menschen gesprochen, die auch bei ihm waren, für jeden war die Reise anders, und speziell jeder hatte seine eigene Lehre mitnehmen dürfen. Mein gesamtes Leben, hat sich nach dieser Begegnung um 360 Grad verändert, vielen Dank Thomaz & Christine

Mit meiner Arbeit mit Golden Age Matrix haben sich viele aussergewöhnliche Momente und Resultate gezeigt, und mir auch den Mut zum weiter machen gegeben. Unsere Erde kann dieses Mal den Dimension Sprung in die 5. Dimension schaffen, wenn ein grosser Teil der jetzt lebenden Menschen, mehr durch ihr Herz und ihr Vertrauen, an Stelle ihres Egos leben und sich den unbegrenzten Möglichkeiten öffnen.

Information und das Prinzip der Magie   Beatrice

Hier möchte ich kurz auf etwas hinweisen, das uns einen anderen Blickpunkt auf das Prinzip der Magie öffnet. Die Magie lässt sich von uns oft als eine mystische und fast unwirkliche Realität wahrnehmen. Wir haben das Gefühl, dass Magie (Zauber) nur für ganz wenige Menschen zugänglich ist, und dass dies dann erst noch Täuschung sein muss. Zum Beispiel

Tomaz Green Morten, über den Rolf im vorangehenden Kapitel geschrieben hat.

Dem ist aber gar nicht so! Wir sind alle Magier; meistens unbewusste. Zuerst sollten wir uns nur schon über die Kraft der Gedanken und der Vorstellung innerhalb den Gedanken, bewusst werden. (Denkt an die Übung mit den Fingern im ersten Teil des Buches). Kommen dann neben der Vorstellungskraft noch die Emotionen dazu, wird das Energiefeld um ein Vielfaches gestärkt, und der Prozess des Umsetzens beginnt. Das einzige, was diese Umsetzung noch anhalten kann, sind wir selber. Indem wir nicht daran glauben, oder das Gefühl haben, dass wir das nicht verdient haben, oder sonst in einem Programm stecken, das die Realisation und Materialisierung zum Beispiel eines Wunschgedankens nicht zulässt. Darum ist es ja so wichtig, dass wir diesen Programmen, die in uns fest und unbewusst integriert sind bewusst werden, damit wir sie transformieren können. Denn erst jetzt, nachdem wir diese Blockaden unbewusster Programme erkannt und transformiert haben, geschieht der Prozess, der unter einem einfachen universalen Gesetz steht, den Wunschgedanken zu materialisieren, oder Wirklichkeit werden zu lassen. Wir bieten auch Kurse und Seminare an, wo ihr lernt, diese Programme zu erkennen und sie auch aufzulösen. In den Sitzungen, die wir mit unseren Klienten haben, gehört die Auflösung solcher Programme unbedingt dazu, da sie uns hindern bewusst zu wachsen. Es gibt dazu auch eine CD mit geführter Meditation, in der wir solche Programme bis zurück zu unseren Ahnen auflösen können.

Ich gehe jetzt noch einen Schritt weiter in die Magie. Stellen wir uns einmal vor, dass alles Licht und Information ist. Alles, jedes Wort, das wir aussprechen, schreiben oder denken. Stellen wir uns weiter vor, dass diese Licht-Informationsenergie im Universum, in einem Raum der dazu dient alles aufzubewahren was es gibt und je geben wird, (da dieser Raum ausserhalb von unserer linearen Zeitbegrenzung liegt), aufbewahrt wird. Und jetzt, stellen wir uns auch noch vor, dass wir zu diesem Raum Zugang haben, und wie in einem universellen Supermarkt uns bedienen können. Das könnte so aussehen: Jemand ist alleine und wünscht sich sehnlich einen Partner, mit dem er glücklich seinen Lebensweg teilen kann. Er stellt sich vor, wie er seinen Lebenspartner antrifft, wie auch dieser Lebenspartner jemanden sucht, wie sie sich erkennen und sich auch verlieben; dann kommen noch die Gefühle dazu, und die ausgesendete Energie, Schwingung manifestiert sich nun in diesem universellen Raum. Dort angekommen, mit dem Focus jemanden auf gleicher Schwingung anzuziehen, findet diese ausgesendete Energie sehr bald ein Gegenüber, das auf genau diese Schwingung gewartet hat. Jetzt könnte es sein, dass diese Person, die sich sehnlich einen Lebenspartner wünscht, ihn auf der Traumebene bereits antrifft. In unseren Träumen haben wir nämlich direkten Zugang zu diesem Raum, der alles enthält, was wir uns nur vorstellen können, und noch viel mehr. Im Traum stehen uns weder Zeitlimiten, festgefahrene Wirklichkeitsvorstellungen, noch sonst welche verstandesorientierte Blockaden im Weg. Wir sind von all dem total frei, und befinden uns auch auf einer feinstofflicheren Frequenz und Bewusstseinsdimension, als im Wachzustand. Auf der Traumebene ist es durchaus möglich zu fliegen, sich zu Hause zu befinden und ein paar Sekunden später, befinden wir uns auf einer tropischen Insel im indischen Ozean. Im Traum ist alles möglich, weil wir eine andere, freiere Wahrnehmung haben; aber im Traum ist es als Wirklichkeit realisierbar, unser Traumbewusstsein erlebt alles als Wirklichkeit, sobald wir wach sind, erinnern wir uns kurz nach dem Aufwachen daran und sagen dann: oh, das war ja nur ein Traum, schade .... dass der Traum nur eine andere Wahrnehmung unseres Bewusstseins ist, und genau so Wirklichkeit wie alles was ich bewusst wahrnehme, daran denkt niemand! Denn es gibt nur das eine: Wahrnehmung integriert sich als Wirklichkeit in unserem Bewusstsein. Ob Wach- oder Traumbewusstsein spielt keine Rolle. Der Fokus auf etwas das ich bewusst wahrnehme, ergibt sich als Wirklichkeit.

Es geht nur darum, unsere Wahrnehmung zu öffnen, ihr mehr Spielraum zu geben. Das, was uns auch Tomaz Green Morten zeigen möchte. (alles ist möglich) Dass wir uns nicht mit Glaubenssätzen vor dem Glück stehen. Es geht auch darum zu wissen, was ich mir wünsche, das gibt es; auch für mich, ich kann es mir nur aussuchen und bestellen. Ich bestelle es, in dem ich mir ein Bild von meiner Wunschvorstellung mache. Wie ein grosses Dia auf einer Leinwand, projektiere ich meinen Wunsch und schmücke ihn aus, stelle mir vor es wäre bereits Wirklichkeit und entwickle Gefühle dazu. Ich habe zu dieser Übung eine geführte Meditation gemacht, die man auf CD bestellen kann: „Zieldia aufbauen". Diese Übung ist sehr kraftvoll und die Wirkung lässt nicht lange auf sich warten. (beim Gesamtpaket unseres Webinar, ist diese CD bereits dabei).

Hier der Text der Meditation:

Meditation Zieldia aufbauen   Beatrice

Schliesse die Augen und atme tief ein und aus..... nimm auch Kontakt auf mit deinem Herzen............ werde ganz still und atmet tief ein und aus .... dann frage dein Herz: was sind meine grössten Wünsche?................ wie sieht es aus mit meiner Gesundheit? .... wie sieht es aus mit meinen Beziehungen?....... mit meiner Liebesbeziehung?...... wie in meinem Beruf?... habe ich den Erfolg und die Anerkennung, die ich mir wünsche?.... wie fühle ich mich, wenn ich abends nach Hause komme? Entspricht mein Zuhause meinen Wünschen und Ansprüchen wie ich leben möchte?.......... verbringe ich genug Zeit für mich und habe Spass?...... reisen, die Welt kennenlernen, mit Tieren oder Menschen zusammensein?....kann ich mir alles erfüllen, was mein Herz begehrt? ....

Wie würde meine Welt aussehen, wenn das alles stimmt und meinen Herzenswünschen entspricht?

Atme tief ein und aus und lasse vor dem inneren Auge deine Welt mit all den erfüllten Wünschen auferstehen! Lasse dich teil haben in dieser Welt..... du bist der Hauptdarsteller und mitten drinnen in dieser Welt........ du spürst die Freude und die Lebensenergie in dir aufsteigen und du springst hoch oder tanzt vor lauter Freude.... Endlich ist es so weit...... du bist angekommen in deiner Vision, dort wo du dir gewünscht hast zu sein!!!!! Was für ein tolles Gefühl!!!!! Gehe tief in dieses Gefühl hinein und nimm es wahr............... atme tief ein und aus ....es ist jetzt alles geschaffen und bereit sich zu reflektieren im universalen Spiegel........ in deiner Wirklichkeit....... In deiner Welt........ lasse es zu............. Atme tief ein und aus........ gehe nun jeden Tag für einen Moment 1-3x dort hin...... fühle wie es sich anfühlt dort zu sein....... Stell dir vor, es ist schon da........ es ist wirklich da....... Du hast es gesehen, gefühlt, es erlebt........ die Reflektion und Materialisierung folgt! Atme noch einmal tief ein und aus..... und freue dich auf die Erfüllung deiner Wünsche..........

Komme dann langsam in deinem Rhythmus
zurück ins hier und jetzt.

Es gibt auf dieser CD noch eine zweite
Meditation: „Waldspaziergang ins Jetzt." – Als
wäre die Zeit stehen geblieben; sie erfahren wie
dort alles viel reichhaltiger und intensiver
erlebbar ist. Gleichzeitig erfüllt sie eine
harmonische Ruhe, die sich mit der Zeit in den
Alltag integrieren lässt.

Es ist nun an der Zeit, dass wir alle an
„Wunder" glauben können! Denn wir haben
mehr und mehr Zugang zu dieser „Magie", die
es dazu braucht, Wunder zu vollbringen,
Wünsche zu erfüllen. Wir müssen es einfach
nur zulassen!

Schauen wir doch mal in den Spiegel   Beatrice

Der universale Spiegel lässt uns unsere selbst
erschaffene Realität anschauen. Schauen wir
unsere Lebenssituation, wie sie jetzt ist an, als
würden wir in einen Spiegel reinschauen. Wie
sieht dieses Spiegelbild aus? Was zeigt es mir
über meine Beziehungen, mein Leben, meine

Gesundheit, meine Wohnsituation, meine Arbeit, meinem Aussehen und meiner Ausstrahlung, was denke ich über das, was ich im Spiegel sehe? Diese Übung ist sehr interessant, wenn man sie vor der Meditation „Zieldia aufbauen" macht, und dann ein paar Wochen später wiederholt, wenn man die Meditation ein paar Mal gemacht hat.

Hier eine hilfreiche Übung dazu:

Spiegel, von uns erschaffene Realität

Bin ich glücklich mit meiner Beziehung? … oder wäre es schöner wenn …

Wie steht es mit meiner Gesundheit?

Was wünsche ich mir sehnlich?

Wie bin ich zufrieden mit mir und meinem
Aussehen?

Bin ich glücklich in meinem Arbeitsumfeld?

Habe ich finanziellen Erfolg?

Fühle ich mich allgemein erfüllt, oder habe ich
das Gefühl ich werde vernachlässigt?

Wie ist meine Wohnsituation?

Wenn du diese Fragen beantwortet hast, sieht
man ja sofort, wo sich die Lebenssituation
noch verbessern könnte, damit dein Leben
sich nach deinen Herzenswünschen erfüllen
kann. Damit du unbeschwert und rund um
glücklich sein kannst. Nicht vergessen, das ist
unser Ziel! Und dieses Buch ist ein Schlüssel
dazu! – Gut, gehen wir zu den Antworten; hat
es da ein paar Punkte, die absolut besser sein
dürften, dann gibt es verschiedene Schritte,
die zu dieser Verbesserung führen: nehmen
wir an, jemand ist mit seinem Partner, seiner
Beziehung unglücklich.

Ich frage mich als erstes, vor was habe ich Angst, meine Situation zu kommunizieren und/oder zu verändern?

1. Habe ich Angst vor der Reaktion meines Partners, oder alleine sein zu müssen?
2. Habe ich Angst nicht mehr anerkannt zu sein, von meinen Verwandten und Bekannten?
3. Habe ich ein Problem mit meiner Existenz, von der finanziellen Seite aus?
4. Was ist für mich das Wichtigste: (bitte ankreuzen)

Stark verbreitete, kraftvolle Glaubenssätze:
Beatrice

- Wenn man A sagt, sagt man B.
- Den Kindern zu liebe sollte man sich nicht streiten und schon gar nicht trennen.
- Was denken die andern?
- Das Leben ist hart.
- Ich habe etwas anderes nicht verdient.
- Anderen geht es noch viel schlimmer, oder zumindest gleich schlimm.

- Besser mit jemandem zusammen zu sein, als alleine.
- Ich finde nie mehr einen Partner.
- Ich bin schon zu alt, zu hässlich, zu unattraktiv, ...
- Ich sollte eigentlich zufrieden sein, mit dem was ich habe.
- Männer/Frauen sind halt so ...

Wenn man nur an einen von diesen Glaubenssätze glaubt, dann steht genau dieser vor dem Glück, eine erfüllte Partnerschaft ins Leben zu ziehen, oder mit dem Partner wieder glücklich zu werden. Weil ich ja genau mit dieser Aussage von dem jeweiligen Satz bestätige, dass diese Beziehung genau die richtige ist für mich.

An diesem Punkt ist es sehr wichtig, zum Beispiel mit einer Matrixanwendung und mit dem Fokus diesen Satz zu transformieren, einzuwirken. Das heisst, wenn der Satz „ich finde nie mehr einen Partner" angekreuzt wurde, habe ich den Focus darauf gerichtet, dass sich dieser Glaube transformiert und auflöst. Damit ich wieder frei von dieser Illusion nie mehr einen Partner zu finden weiterleben kann, ohne dass ich das Gefühl habe, immer unglücklich oder alleine sein zu müssen. Denn dieser Glaubenssatz löst genau diese Realität aus. Da sind wir wieder bei dem universellen Gesetz der Magie angekommen: deine Gedanken und damit verbundenen Gefühle werden Wirklichkeit! Du bist der Regisseur von deinem Leben! Dein Schicksal liegt in deinen Händen! Oder:

Hast du die Meinung: (ankreuzen & ergänzen)

Schicksal ist in deinen Händen?

In Gottes Händen?

Ist es vorbestimmt?

Ist man dem Schicksal gegenüber machtlos?

Hängt es ab von Karma, aus früheren Leben?

Hier spielt es absolut keine Rolle, was du ankreuzt, oder was die Wahrheit sein soll. Denn genau das, was du angegeben hast, oder zu dem du den Glauben hast dass es richtig sei, genau das ist für dich die Wahrheit, und genau das trifft für dich zu!

Es gibt die Möglichkeit, sich mit der Strömung treiben zu lassen, oder nimm das Steuer von deinem Lebensschiff selber in die Hand, dann hört dein Leben auf, von den Umständen abhängig zu sein. „Dein Wille geschehe."

Es gibt ein Lieblingsglaubenssatz von mir, und der geht so: **Das Universum ist voller Möglichkeiten, die ich mir aussuchen kann um glücklich zu werden, und es unterstützt mich voll und ganz auf meinem Lebensweg.**

Und hier eine Geschichte:
Beatrice

Eine Person fährt mit ihrer neu erschaffenen Welt an einen Ort, wo sich alle Wunschträume verwirklichen; sie fahren los mit einem magischen Bus. Da der Verstand auch dabei ist und so wie immer am meisten plappert, unterbricht er die friedliche Ruhe im Bus und schreit laut: "Anhalten, sofort anhalten, da möchte noch jemand einsteigen und zwar die

Gerechtigkeit! Sie ist verantwortlich um die Schuld zu begleichen."- „**Schuld** zu begleichen, Gerechtigkeit, nein, das brauchen wir nicht an unserem schönen, neuen Ort, da geht es nur darum glücklich zu sein!" sagte die Welt. „Nehmt sie bitte mit, es braucht sie, erst dann gebe ich Ruhe." – „Also gut, dann nehmen wir sie eben mit", sagte die Welt. Der Bus hielt an, die **Gerechtigkeit** stieg ein. Nach einer Weile meldete sich der Verstand schon wieder: „Anhalten, sofort, da möchte noch jemand sehr wichtiges einsteigen, den wir auf jeden Fall am neuen Ort brauchen: und zwar **Ansprüche Forderungen**. Der ist dann verantwortlich, dass etwas geleistet wird, bevor man etwas bekommt!" – Also stiegen auch **Ansprüche Forderungen** ein. Später kamen noch **bemerkenswerter Einfluss**, damit man sich ein gutes Beispiel nehmen kann, **Überlegene** um zu sehen, dass man noch viel leisten muss, um Jemanden zu werden, die **Angst**, die verantwortlich ist zu warnen, **Vernunft**, die man braucht um realistisch zu bleiben, und schliesslich noch die **Erwartung**, die vorgibt, was für uns gut sein wird. Alle fahren nun zusammen an den Ort, wo alle Herzenswünsche sich erfüllen und jeder glücklich ist. Aber der Bus kommt nie an, weil die Mitfahrer: **Gerechtigkeit, Ansprüche**

Forderungen, bemerkenswerter Einfluss, Überlegene, Angst, Vernunft, Erwartung, sie alle bilden während der Fahrt eine Vereinigung und nennen sich **gesunder Menschenverstand**. Sie als starke Gruppe haben so viel Einfluss auf die Person mit ihrer neuen Welt, und warnen sie vor so vielen **Gefahren, Endtäuschungen und gefährlichen Illusionen**, dass schliesslich der Bus umkehrt und wieder in die alt bekannte Welt zurück fährt.

Wenn wir diese „Mitfahrer", auf dem Weg in ein bewusstes glückliches Leben erkennen, können wir sie aus dem Bus rauswerfen. Denn sie sind verantwortlich, dass wir unsere Herzenswünsche nicht erfüllen können. Es gibt eine Übung, damit solche Störfrieden erkannt und rausgeworfen werden können. Werde einen Augenblick ganz ruhig, verbinde dich mit deinem Herzen, und dann kreuze die bei dir selber erkannten Störfriede an:

Übung um Störfriede aus unserem System raus zu werfen.

Erkennst du bei dir:

Zweifel

Kritik

Tadel, Schuld begleichen

Ansprüche und Forderungen

Sich überlegenen unterordnen

Erwartungen an dich selbst/anderen

Gesunder Menschenverstand beschützt

Unzufriedenheit

Missgunst

Angst, sich nicht getrauen

Alle die du bei dir erkennt hast bitte ankreuzen und bei der folgenden Matrixübung transformieren!

Stelle dir vor, dass über dir eine Ablagestelle ist. Dort legst du alle angekreuzten

Störfaktoren ab. Und jetzt mit dem Fokus sie zu Transformieren und somit ihre Wirkung aufzulösen, eine Matrixanwendung an dir selber machen, oder lass es dir machen. Sobald wir von diesen Störfaktoren befreit sind, steht uns nichts mehr im Weg, uns den unendlichen Möglichkeiten die uns zur Verfügung stehen zu öffnen und durch das Prinzip der Magie, ins Leben einfliessen zu lassen.

Über das Prinzip der Magie

Beatrice

- Grenzen von Raum und Zeit überschreiten
- Visualisiere dein Ziel und lasse es wahr werden
- Blockaden schichtweise transformieren
- Neuer Zustand wahr nehmen, akzeptieren, Punkt.
- Bewusst (sein), dass es keine Grenzen gibt
- Alles ist möglich - bei Zweifel transformieren

- Allen Fenstern die wir bekommen, vertrauen
- Vertrauen zu dir selber
- Vertrauen in dein Leben
- Im Einklang mit dem Universum sein
- Lass dir genug Zeit für diese Transformationen
- Die Gesetzte der Physik steuern das Universum

Mit Magie wirken wir auf diese Energie ein, mit Absicht, Verbindung, Transformation, also gelten diese Gesetzte auch für die Magie.

Information kann sich schneller fortbewegen als Licht. Das lässt vermuten, dass Information zu jeder Zeit bereits „da" ist und sich in Wirklichkeit gar nicht bewegt.

Wirkungsvoll gelingt dies aber nur, wenn wir aus dem HERZEN handeln!!!!!

Eine Möglichkeit noch tiefer ins Herz zu sinken und zur Quelle freien Zugang zu bekommen!!!

Beatrice

Mach es dir bequem, werde still und ganz ruhig.

Sinke in dein Herz, verweile einen Moment da.

Verbinde dich noch tiefer mit deinem Herzen.

Vor deinem inneren Auge siehst du eine Barometerskala, von 1-100%. Wo befinde ich mich, wieviel % bin ich in der Herzenergie? Vielleicht 35%?

Packe dich in eine Rosablase, schliesse deine Augen und bitte, dass du dich nun ganz mit deinem Herzen verbinden kannst, verschmelze mit dieser Energie.

Bitte das Göttliche in dir um Unterstützung.

Lasse diese Energie von oben in dich reinfliessen, durch dich hindurch in die Erde rein, lasse sie bis in den Kristall des Erdkerns eintauchen und gereinigt, voller Kraft in dich zurückkehren.

Schau jetzt noch mal auf der Skala wo du bist. Wiederhole diese Übung, bis du auf mind. 50% Herzenergie bist.

Dann bist du wirklich bereit in die Welt der Magie einzutauchen und damit Wunder zuzulassen!!!!

Mit den Elementen in Resonanz gehen   Rolf

Ja, auch die Elemente können wir in der Matrix abrufen. Auch sie stehen als Feld zur Verfügung und können in vielen Situationen hilfreich einwirken.

Für die Elemente gibt es auch ein Fenster. Jetzt reinspüren und abwarten, was sich zeigt.

Erde: könnte zum Beispiel kommen bei unsicherem Entscheiden, am liebsten davonrennen (fliegen), Angst sich zu stellen, nicht geerdet zu sein. Die Frequenz der Erde = erdet, gibt Sicherheit und Stärke.

Feuer: Intensität, Wille, Wärme, Hitze, Wut, Mars, Sonne, Flamme ..... verschiedene

Formen von Feuer. Hiermit ist gemeint, es könnte sich eine Kerzenflamme, oder auch ein Vulkanausbruch zeigen, je nach dem was sich zeigt und was als Information gebraucht wird.

Luft: Geistige Welt, Träume, Visionen, Schweben, Leichtigkeit, loslassen, Aufwind, segeln ..... vielleicht braucht das jemand, der zu viel Wille zeigt und somit sehr festgefahren oder stur ist.

Wasser: kühl, reinigen, fliessen, fliessen lassen, überlassen, entspannen. Verschiedene Arten Wasser wie Wasserfall, Bach, Fluss, Quelle, Tropfen, See, Meer.... Auch hier gibt es verschiedene Variationen von Wasser, die eingesetzt werden können. Hier könnte vielleicht jemand profitieren, der seine Gefühle nicht zeigen kann und sehr verschlossen ist.

Nicht wir bestimmen die Elemente! Diese Elemente kommen zu uns, wie alle andern Sachen. Was wir tun können, ist fragen, ob vielleicht ein Fenster für Elemente da und offen ist. Diese Frequenzen von der Erde, oder Feuer usw. enthalten vielleicht Energien, von denen wir keine Ahnung haben; aber in diesem Moment für das Feld, mit dem wir gerade in Verbindung stehen, wesentlichen Einfluss auf zum Beispiel Heilung und/oder

Transformation haben, oder auch auf eine tiefsitzende Blockade einwirken können.

Beim Anwenden von Elementen, kann man zum Beispiel einfach mal fragen: gibt es ein Fenster für Elemente? Wenn ja, was für ein Element wäre jetzt hilfreich? Wenn du im Feld eines Menschen bist, und ein Fenster für Elemente offen ist, spürst du aus dem Herzen, wie sich die Elemente die sich zeigen, anfühlen; und weil du mit dem Feld dieser Person verbunden bist, spürst du auch die wohltuende Kraft und Einwirkung dieser Elemente. Auch da haben wir wieder wunderbare und sehr kraftvolle Möglichkeiten aus dem Universum, die uns zur Verfügung stehen.   Viel Spass!!!!!

Zur Anwendung in der Matrix, stehen verschiedene Schablonen bereit   Beatrice

Auch hier können wir darauf zurück greifen, was bereits als Feld besteht, in vorhandenen Energiemustern. Wie zum Beispiel physiotherapeutische Schablone, um jemandem am Körper etwas wieder in den ursprünglichen, gesunden Zustand zu bringen. Die physiotherapeutische Schablone bildet in sich ein grosses Wissen, das durch seine Anwendung von vielen Therapeuten ein grosses Energie- und Informationsfeld bildet. Aus diesem Feld, laden wir bei der Matrixanwendung die entsprechende Information in das Energiefeld des Klienten runter, das zu seiner Heilung gebraucht wird, aber nur, wenn wir ein Fenster dazu bekommen haben. Nicht wir machen diese Entscheidung. Wir warten ab, was sich uns zeigt, wenn wir ein Fenster für diese Schablonen offen haben.

In unseren Kursen fragen wir immer die Teilnehmer, nachdem sie bereits Matrix angewendet haben, wie es für sie war, und was für Erfahrungen, mit welchen Werkzeugen sie damit gemacht haben. Eine Kursteilnehmerin, die selber Therapeutin ist und eine Praxis hat, erzählte folgendes: Sie pflegt und massiert einen Klienten schon seit langer Zeit wegen eines Rückenproblems und immer wiederkehrenden Bandscheibenvorfällen. Sie beschloss, mit diesem Klienten eine Matrixanwendung zu machen. Ihr Fenster war

offen für Schablonen, und zwar für die
physiotherapeutische. Sie wendete sie an,
indem sie die Information der sich gezeigten
Schablone in das Feld des Klienten herunter
lud. Plötzlich gab es mehrere lautstarke Töne
von der Wirbelsäule des Klienten, als würden
sich verschiedene Wirbel wieder einrenken. –
Der Klient war von diesem Augenblick
schmerzfrei und ging glücklich und erstaunt
nach Hause. Der Klient fuhr aber mit den
Sitzungen fort, weil er dieses neue Gefühl,
schmerzfrei und ohne Bandscheibenvorfälle zu
sein (be)halten, und nicht wieder ins alte Feld
zurückfallen wollte.

Diese Schablonen dürfen wir jeder Zeit
anwenden, wenn sie sich zeigen.

Wie bereits erwähnt, Schablonen sind
Software-Programme, die andere Leute
gemacht haben. Sie sind bereits ein
Energiefeld, das uns in der Matrixwelt zur
Verfügung steht. Von dort aus erhalten wir
diverse Energiemuster, die entsprechende
Infos enthalten, die wir einsetzen können und
somit auf das Feld des Klienten, am Besten
mit einem 2-Punkt, übertragen lassen können.
Wir müssen diese Information nicht kennen.
Wir müssen also keine physiotherapeutische

Kenntnisse, oder eine Anatomieausbildung gemacht haben, damit wir diese sich zeigende Schablone einsetzen dürfen.

Da gibt es auch noch herzmedizinische Schablone, neurologische Schablone, chirurgische Schablone, homöopathische Schablone, Craniosacral Schablone usw. Wir weissen nichts darüber, es erledigt sich von selber. Auch hier wieder fragen, gibt es ein Fenster, wenn ja vertrauen und verbinden wir, was das Matrixfeld uns zeigt.

8-ung! Schmerz und Krankheit ist immer ein Hilferuf der Seele, die dich aufmerksam machen möchte, deine jetzige Lebenssituation anzuschauen und eventuelle Veränderungen zu aktualisieren. Es ist also auch sinnvoll, den Klienten auf seine Lebenssituation aufmerksam zu machen und sich zu fragen, ob im wirklich alles entspricht, wie wo, was in seinem Leben geschieht. Oder ob eine wesentliche Veränderung angesagt wäre? Durch die Matrixanwendung kann es eine plötzliche Veränderung des Schmerzzustandes geben, er hört zum Beispiel auf, man ist schmerzfrei. Verändert man nicht die Ursache des Schmerzes, kommt er früher oder später wieder zurück. Oft beobachten wir aber auch

eine psychische Veränderung beim Klienten. So, dass manchmal die Angehörigen sogar darauf reagieren, wie: -man kennt dich ja gar nicht so, sonst bist du doch immer so und nicht so... Das ist ein ausgezeichnet gutes Zeichen, wenn das geschieht; dann auf jeden Fall dabei bleiben und diese Veränderung akzeptieren!!!!! Diese Information geben wir dem Klienten immer weiter!!!

Manchmal gibt es Situationen, in denen wir bei der Matrixanwendung verunsichert werden können. Wir wissen plötzlich nicht mehr weiter, oder sind nicht mehr sicher ob wir etwas dürfen, oder vielleicht etwas anderes besser wäre, ... und in einem solchen Fall gibt es die Erzengelschablone. Sie enthält alle unterstützenden Möglichkeiten, um etwas total zu transformieren und zu heilen.

Dazu gibt es auch eine Geschichte: Ich hatte damals gerade den letzten Level der Matrixausbildung gemacht, als ich mit einer Bekannten am Telefon war. Sie hatte eine Herztransplantation hinter sich und es gab dadurch grosse Probleme. Sie wurde noch einmal operiert, bekam durch Unterfunktion der Niere eine Dialyse eingeführt, und alles ging bei ihr schief. Die Operation, die Dialyse platzte, weil man zuviel Flüssigkeit auf einmal rein gab, und die schweren Blutungen kamen nicht zum Stoppen, da sie so viel Blutverdünner bekam. Ihr Blutdruck war viel zu hoch, und jede Veränderung der Kopfstellung schmerzte sie so stark, dass es für sie unerträglich war. Sie sagte mir an diesem Telefon, dass sie nicht mehr weiter leben möchte...

Ich erzählte ihr über meine Ausbildung von Matrix. Ich offerierte ihr eine Fernanwendung für ihren viel zu hohen Blutdruck und für allgemeine Heilung ihres Zustandes. Sie war bereit, wir beendeten unser Telefongespräch und ich fing an, mit der Matrixanwendung für sie. Plötzlich überkam mich eine totale Verunsicherung und ich hatte grosse Angst, etwas Falsches zu tun, sie war doch in einem so kritischen Zustand! – Und da fragte ich für Hilfe und Unterstützung aus der geistigen Welt, schaute ob ich ein Fenster dazu hatte und da war das Fenster der Erzengelschablone, das mir offen zur Verfügung stand. Dankbar machte ich von dieser Schablone einen 2-Punkt zum Feld meiner Matrixempfängerin. Da geschah etwas Grossartiges und Wundersames. Ich arbeite meistens mit geschlossenen Augen, und vor

meinen geschlossenen Augen wurde es sehr
hell, fast grell. Ich öffnete meine Augen und
erblickte eine Lichtsäule vor mir. Als ich mich
etwas an das helle Licht gewöhnt hatte,
schaute ich der Lichtsäule entlang nach oben
und erblickte einen riesigen Engel. Ich Fragte
ihn, wer er den sei; er antwortete er sei
Gabriel. – Da stand also Erzengel Gabriel vor
mir, um mir zu helfen; ich war sehr gerührt,
voller Ehrfurcht und sehr aufgeregt. Dann fing
er an zu sprechen und sagte zu mir: „Ich helfe
deiner Freundin unter einer Bedingung; du
musst ihr die 2-Punkt-Metode von Matrix
beibringen, damit sie es weiter bei sich
anwenden kann. Sie muss erkennen dass sie
das selber machen kann und es auch tun; in
ihr steckt eine Heilerin, die nicht passiv
bleiben sollte. Gib ihr jetzt eine Matrix ich
werde dich unterstützen und es wird sich
verändern." Dann löste sich seine Gestalt auf
und die Lichtsäule verschwand. Ich musste
mich einen Augenblick fassen, bis ich eine
weitere Matrixanwendung machen konnte;
aber wie ich spürte, war sie sehr intensiv.
Später, nach dem Abendessen, ging ich noch
einmal in meine Praxis, die in unserer
Wohnung integriert war, um meine Agenda zu
holen. Der ganze Raum war von einem
himmlischen Blumenduft erfüllt! So etwas

hatte ich noch nie gerochen – wau! Ich rief auch Rolf zu mir in den Praxisraum, und auch er war von diesem wunderbaren Duft überwältigt. An diesem Tag hatte ich keine Klienten in meiner Praxis, es war Samstag und auch kein Duftkerzchen war an diesem Tag an. Kein Parfum hätte so wundervoll duften können wie dieser Duft, der eindeutig vom Erzengel Gabriel hinterlassen wurde!

Zwei Tage später besuchte ich meine Freundin im Spital und sie erzählte mir, dass sich der Blutdruck reguliert habe, die Werte der Nieren verbessert und auch ihr Zustand war wesentlich besser geworden. Einfach die Blutungen hörten nicht auf. Da gab ich ihr eine Lektüre, wie man mit der 2-Punkt-Metode Matrix anwendet, zeigte ihr auch noch wie das geht, und bat sie darum, dies nun so bald wie möglich anzuwenden, mit dem Fokus, dass ihre Blutungen stoppen. Sie machte das dann auch und ihre Blutungen kamen zum Stillstand.

Bei dieser Geschichte kommt auch wieder zum Ausdruck, dass wenn wir um Hilfe aus der geistigen Welt fragen, bekommen wir sie. Es gibt unzählige Geistwesen, Engel, Elfen, Feen, Ausserirdische, ... die warten nur darauf, dass wir sie um Hilfe bitten. Sie sind jeder Zeit bereit, uns zu unterstützen!

Es ist so wichtig in die volle Lebenskraft zu kommen

Beatrice

Beobachten wir uns selber, merken wir schnell, ob wir in der Lebenskraft sind, oder nicht. Fühle ich mich bereits am Morgen schlapp, müde und lustlos, oder bedrückt, dann trenne ich mich von der unterstützenden Lebensenergie. Die Schwingung geht runter, das Immunsystem wird geschwächt, es fehlt an Energie um etwas zu unternehmen und Lustlosigkeit breitet sich aus. Mein Fokus richtet sich dann auch auf alles was bedrückend, blöd, unangenehm, schmerzhaft, störend, usw. ist. Dieser Zustand bringt mich dann immer mehr in eine hoffnungslose Situation, wo Freude rar ist. – Und Freude ist Lebensenergie! Wenn ich glücklich bin, aufgestellt, voller Tatendrang für das was ich tue, Passion empfinde, dann stehe ich am Morgen ausgeruht und voller Energie auf, freue mich auf den Tag, habe den Fokus auf lauter Dinge gerichtet die mich glücklich machen und erfreuen. Ich sehe all die schönen Dinge der Natur, die Blumen, der Duft der Blumen, der Gesang der Vögel, fühle den wärmenden Sonnenschein, Schmetterlinge, ich geniesse ein feines Essen oder meinen Cappuccino am Morgen, ich freue mich auf meine Arbeit, weil sie mich so ausfüllt, ich geniesse es mich auszutauschen mit Freunden oder meinem Liebsten, ich lebe in Freude = Lebenskraft. Ich werde von der Lebenskraft genährt und unterstützt!

Es ist also „lebenswichtig" dass wir uns unserem Lebens-Stiel bewusst sind (werden). Dass wir bewusst unsere Lebensgeschichte so einrichten, dass wir glücklich sind und in Freude leben können; nur so werden wir unterstützt und genährt von der Lebenskraft, und nur so ist eine positive Veränderung auf unserem Planeten möglich. Denn wie wir wissen, ist alles mit allem verbunden. Jeder Gedanke ist ein Energiefeld und löst im Aussen eine Reaktion aus, (Übung mit dem kürzeren Finger). So sehen wir das Weltgeschehen an und schauen gleichzeitig in den Spiegel der Menschheit. Was hier auf der Welt geschieht, sind wir. Gandhi sagte einmal:

„Sei du selbst die Veränderung, die du dir wünschst für diese Welt."

In der Wissenschaft spricht man sogar auch schon vom Bewusstsein des Planeten, das vom Bewusstsein der Menschen beeinflusst wird; so wie das Bewusstsein des Planeten das ganze Universum beeinflussen kann. Durch die erhöhte Schwingung der Erde, ist auch eine Erhöhung unseres Bewusstseins absolut erforderlich. Ich möchte soweit gehen und sagen, dass das ganze Universum auf die erhöhte Schwingung unseres Bewusstseins wartet.

Um in eine höhere Schwingung zu kommen, gibt es ein paar hilfreiche Typs:

- Versuche immer das zu tun, was dir Freude macht.
- Bleibe immer bei dir und stehe zu dem was du empfindest.
- Akzeptiere dich so, wie du bist. Ohne Konflikt.
- Fokussiere dich vorwiegend auf die schönen Dinge im Leben.
- Meide persönlichen Kontakt mit Menschen, die dir nicht gut gesinnt sind, oder mit dir nicht ehrlich sind.

- Geniesse das Leben in vollen Zügen, lass es dir gut gehen.
- Folge deinem Herzen und deinen Herzenswünschen.

Und es gibt auch noch eine Erkenntnis zu machen. Wir werden alle geprägt; von unseren Eltern, Grosseltern, älteren Geschwistern, Lehrer, Pfarrer, Religion, Weltgeschehen, alles was um uns geschieht, wirkt auf uns ein und beeinflusst unsere Lebensgeschichte. Wir wachsen darin auf, schauen ab wie das geht, was uns vorgelebt wird, und das wird dann später unsere Realität. Wir übernehmen alle Einflüsse, da sie ja auch starke Energiefelder sind, und geben sie auch an unsere Kinder weiter. So lernen wir was gut ist im Leben und auch was schlecht ist. Was richtig ist und was falsch ist; aber wer bestimmt eigentlich all das? Und wer sagt, dass es so sein muss? Wir versuchen dann ein guter Schüler, Mutter, Vater, Geschäftsführer usw. zu sein, um wenn möglich erfolgreich und bequem durchs Leben zu kommen, und wenn das nicht so gelingt, sind wir ein Versager. Die grösste Angst ist ein Versager zu sein, und da wären wir bei den zwei ursprünglichen Ängsten der Menschheit: nicht anerkannt (geliebt) zu sein und zu wenig zu verdienen (besitzen). Diese Ängste sind so alt wie die Menschheit. Und unbewusst stehen wir uns selber mit diesen Ängsten im Weg. Erfolg und Reichtum kann sich nicht verwirklichen, da die Ängste, „es nicht zu schaffen" uns energetisch in die entgegengesetzte Richtung führen.

Es ist nun an der Zeit, dass wir uns bewusst werden, dass diese Prägungen fremdbestimmt sind und mit unserer Seele und unserem Seelenweg absolut nichts zu tun haben. Dass sie als eine Art von Programmen weitergegeben und auf unsere Festplatte heruntergeladen wurden. Und nach dem wir diese Programme erkannt haben, ist es nun ganz wichtig sie zu akzeptieren als Programme. Wir können gleichzeitig auch bestimmen, diese Programme aufzulösen und zu transformieren. Wie erkenne ich, dass ich mich in einem solchen Programm aufhalte? Indem ich unzufrieden bin, mich zum Beispiel schäme, nicht getraue, Angst habe dass ich es nicht kann, oder mich als Versager fühle. Es sind eigentlich alles Situationen, in denen ich mich oder etwas nicht annehmen kann, oder Angst habe, dass es nicht funktioniert. Wir haben ja gelernt, dass man nur gut ist wenn alles gelingt... und wenn es den Vorstellungen der gesellschaftlichen Norm die gegeben werden, entspricht. Wir werden uns jetzt aber mehr und mehr von diesen, aus Angst entstandenen Programmen entfernen und sie durch aus Freude, Licht und Liebe gestaltete Programme ersetzen.

Dazu könnte man eine Matrixanwendung mit dem Fokus auf das erkannte Programm gerichtet machen, mit der Absicht: Programm transformieren.

Zur Transformation gibt es auch eine CD mit geführter Meditation, die diese Programme bis zurück zu unseren Ahnen auflösen und transformieren kann. Die CD heisst: „Meditation Programme transformieren" und wirkt sehr gezielt und kraftvoll. Diese CD ist entstanden, als ich vor noch nicht langer Zeit in der Wasserfluh, an dem Ort wo wir zur Zeit unsere Seminare geben war, um dort verschiedene Arbeiten zu machen. Eines Nachts wachte ich auf, und konnte einfach nicht mehr schlafen. Ich erkannte, dass mein Guide, mein Geistführer Lamian anwesend war, und ich wollte wissen was los ist. Er liess mich die Meditation, genau so wie ich sie dann aufschrieb wissen, und er sagte auch, dass diese Programme oft nicht nur in unserem jetzigen Leben integriert sind, sondern weit zurück in die Geschichte der Ahnen gehen. Er sagte mir, es sei ganz wichtig, dass diese Programme, die so weit zurückgreifen, auch bei unseren Ahnen, in der Vergangenheit aufgelöst werden müssen. Und so schrieb ich am nächsten Morgen die Meditation und machte dann später noch eine CD daraus.

Arbeiten mit Quantum Radionik

Langzeit Matrix, leicht anzuwenden   Rolf

Die Radionik ist eine wissenschaftlich nicht belegte Heilmethode, der man auch Energiemedizin oder Informationsmedizin sagen kann.

Sie wurde 1863 von Albert Abrams gegründet. Radionik bezieht sich auf die Annahme, dass der menschliche Körper auf Radiowellen reagiert, die mit Heilinformationen geprägt wurden.

Die ergründete Heilwirkung der Radionik besteht im Wesentlichen darin, Impulse zu erzeugen, die den Selbstheilungsprozess im System des Patienten anregen soll. Der Prozess findet über das morphische Feld statt. Die Radionik wirkt auf der Ebene der Information. Damit gehört sie zu den ältesten Heilmethoden überhaupt.

Wir wenden Radionik bei längeren Prozessen wie Raucherentwöhnung, Lustlosigkeit, chronische Leiden usw. an. Die Erfolge sprechen für sich.

In der Quantenheilung benutzen wir ein Radionik-Gerät unserer eigenen Imagination und arbeiten so mit einem virtuellen Gerät. Das experimentieren mit diesem virtuellen Gerät macht viel Spass, erlaubt uns locker mit dem Gerät zu spielen, mit teilweise verblüffenden Reaktionen.
Hier ein Anwendungsbeispiel:
Zuerst fragen wir ab, ob wir ein Radionik Fenster haben. Nach dem ja, nehmen wir unsere Radionik Zeichnung, oder wenn wir unsere Maschine bereits in unserem visuellen Auge sehen, erlauben wir uns intuitiv die verschiedenen Regler zu bedienen.
1.Wie viele Minuten, Tage soll diese Behandlung dauern-einstellen
2. Auf welcher Frequenz soll gesendet werden-einstellen.
3. Wann soll gesendet werden, 24Std. oder nur Nachts, Tagsüber, etc.
4. Sind da Supplemente (Vitamine, Mineralien, Homöopathie etc.) zu senden-einstellen.

5. Haben wir ein Fertig Fenster oder noch nicht? Beenden oder Weitermachen.

Beispiele von Radionikgeräten:

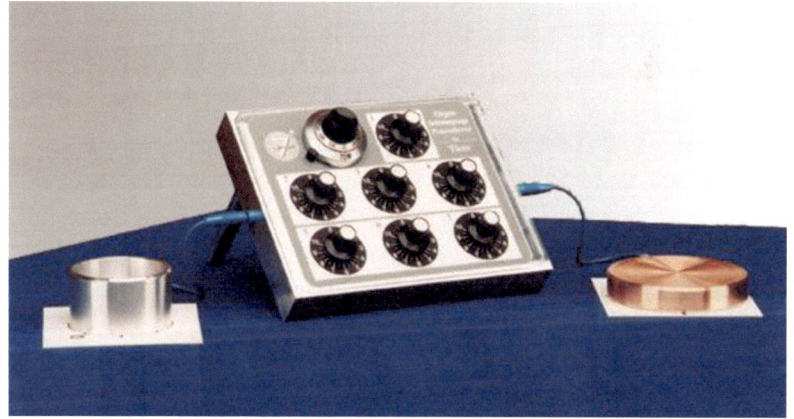

Eine Radionik-Geschichte aus meiner Praxis

Beatrice
Oft wurde ich von Klienten gefragt, ob es den
keine Langzeit wirkende Matrixanwendung
gäbe, die die Gewichtsregulierung bei
Übergewicht behandeln kann.
Also kreierte ich mein virtuelles
Abnehmradionikgerät. Dieses Gerät sieht wie
ein rechteckiges, schmales Aktenköfferchen
aus. Auf der Vorderseite befindet sich eine
silberne Schaltplatte, auf der nach einander
aufgereihte Hebel sind, die man nach Oben bis
zur Zahl 10, oder nach Unten bis zur Zahl 1
fahren kann. Der Hebel von der ersten Reihe
steht für = Fettverbrennen. Der Hebel von der
zweiten Reihe steht für = Stoffwechsel. Der aus
der dritten Reihe = für Wasserhaushalt, der
aus der vierten = entschlacken/entgiften und
der in der fünften harmonisiert die Funktion
der Schilddrüse. Dann gibt es einen An- und
Ausschalter, eine Antenne für optimalen
Empfang, ein drehbarer Knopf mit dem man
die Zeit der Wirkung von dem eingestellten
Radionikprogramm eingeben kann, (in Tagen,
Wochen...) und Lautsprecher die eine kurze,
wunderschöne Melodie gespielt von Harfe und
Flöte aussenden, sobald die
Programmübertragung abgeschlossen ist.
Gleichzeitig, mit der kurzen Melodie, steigen
aus dem oberen Teil des Gerätes Glitzersterne

und Elfenstaub auf als Zeichen, dass alles erfolgreich am Wirken ist.

Dieses imaginäre Phantasiegerät, hat aber bereits viele Wunder vollbracht.

Eine Klientin, die alles versuchte um endlich abzunehmen, sehr viel Geld ausgab für teure Diät und sich in Fitnesszentren abquälte, hatte nie wirklich Erfolg. Nach bereits fünf Radionikanwendungen, verlor sie zwanzig Kilo!

Eine andere Klientin, nach ca. sieben Anwendungen, musste (durfte) sie ihre Garderobe zwei Kleidergrössen kleiner einkaufen. Sie hatte das Problem, immer Lust auf Süssigkeiten zu haben, und ihnen nicht widerstehen zu können. Nach den Radionik- und Matrixbehandlungen, viel es ihr viel leichter auf Süsses zu verzichten, sie konnte aber trotzdem noch Süssigkeiten geniessen, ohne dass ihr Gewicht negativ beeinflusst wurde.

Und nun möchte ich dir einfach viel Spass beim Entwerfen und Ausprobieren deines eigenen Radionikgerätes wünschen! Lass dazu deiner Phantasie freien Lauf!

Die Ur-Matrix oder der Lebensplan Rolf

Alles, was wir auf dieser Erde/dritten Dimension materialisieren hat ihren Ursprung in der Ur-Matrix.
Diese Ur-Matrix ist aus unserem Lebensplan und Karma zusammen geplant worden. Unsere Geistführer und wir selbst, haben die Bestmöglichen Lernaufträge zusammengestellt.

Zuerst sind unser Geburtsland, Eltern, Geschlecht, Astrologische Geburtszeit, Potenzielle Prüfungen, Talente, Hauptlernthemen, sowie Nebenthemen innerhalb einer Gruppe von Seelen, die sich immer wieder in den Inkarnationen treffen.

Diese Ur-Matrix ist immer vorhanden, ob wir nun nach unserem Lebensplan leben, oder uns weit davon entfernt haben. Wenn wir uns zu weit von unserem Lebensplan entfernt haben, erleiden wir meistens eine Krankheit oder Unfall, je nachdem wie weit wir vom Lebensplan abgekommen sind.

Zum guten Glück gibt es die Zeitreise Matrix, mit der wir ungelöste Erlebnisse aus der Kindheit transformieren können. Jeder von uns hat auf seinem Lebensweg traumatische Erlebnisse, körperliche, emotionale

Misshandlungen erlebt, die wenn sie nicht transformiert und geheilt werden, uns bis zu unserem Ableben beeinflussen können.

Haben sie sich schon einmal gefragt, wieso sie sind wie sie sind? Das hat mit dem Resonanzprinzip zu tun. Die ersten 6 Jahre unseres Lebens nehmen wir alles was wir hören, fühlen und sehen auf, wie in einer Hypnose. Restlos alles wird in uns gespeichert wie auf einer Festplatte auf einem Computer. Wir nehmen somit die Gewohnheiten, Emotionen und Muster unserer Eltern, Ahnen eins zu eins in uns auf. Diese übernommenen Programme sind NICHT wer wir sind, sondern geben uns Anlass, diese Programme zu transformieren in eine höhere Schwingung, gemäss dem kosmischen Evolutionsplan. Mit den Matrixwerkzeugen können wir Schicht für Schicht transformieren, um unsere Ur-Matrix wieder her zu stellen.

Wir sind auf dem Weg in die 5. Dimension

Beatrice   Zum Schluss dieses Buches, möchten wir noch einmal darauf hinweisen, dass wir, die Erde mit dem Leben auf dem Planeten eine ganz wichtige

Transformation von der 3. zur 5. Dimension begonnen hat.

Wie wir schon erwähnt haben, hat sich die Schwingung des Planeten erhöht, die Anziehungskraft vermindert, und da dieses Phänomen mit dem Kollektivbewusstsein der Menschheit verbunden ist, muss sich auch das Bewusstsein der Menschen erhöhen; sonst gibt es unerträgliche Disharmonien, die sich durch Katastrophen jeder Art zum Ausdruck bringen; die die Menschen schlussendlich zwingen, eine Erneuerung oder Transformation hervorzubringen. Was man zur Zeit auch oft beobachten kann.

Ich gehe nun lieber direkt zum Weg, der uns in die 5. Dimension führt: was heisst das für uns:

- Das heisst, dass wir uns bewusst werden, was mit und um uns geschieht. Wir werden zum Beobachter und agieren von einer externen Ebene über das aktuelle Geschehen. Wir lernen den Fokus und die Absicht so zu steuern, dass wir das best mögliche für uns und unsere Mitmenschen erreichen können.
- Wir werden uns bewusst, dass in uns Gedanken unaufhörlich in Aktion sind. Es fühlt sich so an, als wären da

verschiedene Stimmen von verschiedenen Persönlichkeiten die die ganze Zeit im Konflikt sind. So lange diese Konflikte in uns statt finden, wird das Ziel Erfüllung nicht geschehen; (5. Dimension führt uns in die Erfüllung). Es geht also darum, dieser innere Dialog herunter zu fahren.

- Nach dem sich die inneren Konflikte beruhigt haben, gehen wir in die Erfüllung. Wir erreichen Wohlstand der uns hilft, unsere Wünsche zu erfüllen. Sobald wir unsere Wünsche erfüllen können, dehnt sich unser Selbst aus „nicht mehr selbstbezogen zu sein", sondern sich Gedanken um das Wohlbefinden der Familie, den Freunden, Tieren, Mitmenschen, Natur, Welt und des Planeten zu machen.

- Sobald wir in dieser Erfüllung angekommen sind, lösen sich auch unsere Probleme. Das kann Reichtum sein, Gesundheit, Bedeutung, Beziehung, alles was wir uns wünschen erfüllt sich automatisch. In die 5. Dimension zu gehen, heisst erwachen, einen Weg zu gehen, in dem wir wachsen und aktiv teilnehmen an der Welt. Es ist nicht so, dass wir leiden und kämpfen müssen um spirituell zu wachsen. Wir entdecken bedingungslose Liebe und unendliche Freude.

- Die 5. Dimension wird sich für uns anfühlen, als seien wir im Himmel. Die Welt hat sich aber bis dahin nicht verändert; wir haben uns verändert und zwar so, dass wir uns wie im Himmel fühlen. Damit dies geschehen kann, müssen wir verstehen, dass an der Welt nichts falsch ist. Alles was nicht stimmt, liegt an uns. Wenn wir das sehen können, lernen wir ein Paradies zu schaffen.

Da möchten wir noch etwas dazu sagen: der Weg in die 5. Dimension ist anzuschauen wie eine Lehre. Wir können das erreichen, indem wir Schritt für Schritt, mehr und mehr uns über diese aufgeführten Punkte bewusst werden, und sie in unser Leben integrieren. Es führt uns sicher an verschiedenen Bewusstseinszuständen vorbei, in denen es sich manchmal schwierig anfühlt. Ein wichtiger Teil auf diesem Weg ist auch in der Präsenz zu sein. Sich nur mit dem zu befassen, auf das wir unseren Fokus gerichtet haben. Sobald wir uns ablenken lassen, verliert die Aktion und dessen Auswirkung mit dem wir uns momentan befassen, enorm an Qualität. In der Präsenz zu sein, im Jetzt, ist ein wichtiger Schritt auf diesem Weg; Rolf hat einmal gesagt, sich im Jetzt zu befinden, heisst in der 4. Dimension zu sein. Also der Zwischenschritt von 3 zu 5.

Wir hoffen natürlich, dass wir alle, die dieses Buch gelesen haben stark motivieren konnten, mitzuhelfen ein Paradies zu erschaffen, und den Zugang zu den bereits vom Universum zur Verfügung gestellten Energiefeldern aus der 5. Dimension zu geniessen. Mit denen wir wundervolle Transformationen und Heilungen ermöglichen können, mit Matrixanwendungen.

Namaste

Bea & Rolf.

Informationen zu unseren Seminaren und Links finden sie auf:

www.snowlion-akademie.com

Im Buch aufgeführte Meditation – CDs:

Zieldia aufbauen

Waldspaziergang ins Jetzt

Preis: 30.- Chfr.

Harmony

Herzenszimmer

Preis: 30.-Chfr.

Vergebung

Beziehung zu deinen Eltern

Preis 30.- Chfr.

Programme auflösen

Preis: 30.- Chfr.

Diese CD`s können über diese E-Mail-Adresse bestellt werden:
beabea1@bluewin.ch   oder
rolfthomas.steiner@sunrise.ch

Rolf Thomas Steiner

Beatrice Schulze Pfister

Rolf Thomas Steiner

geboren am 21.04.1954, in Schaffhausen,
Schweiz Seit 25 Jahren habe ich das Privileg
mit Patienten und Seminarteilnehmern
arbeiten zu dürfen. Meine Lehrer, Barbara
Brennean, Dr. John Pierrakos, Dr.John
Upledger, Dr.Peter Levine, Dr.Richard Bartlett,
Kalki Bhagavan uvm. und all die Menschen die
ich auf ihrem Lebensweg begleiten durfte
haben meine Arbeit geprägt.
Zusammen mit meiner Lebenspartnerin Bea
unterrichten wir diese fantastische
neuzeitliche Quantenheil-
Bewusstseinsentwicklung. Die Resultate sind
manchmal minimal, jedoch meistens
phenomenal.

Ich freue mich weiterhin neue Menschen und
Lehrer kennenlernen zu dürfen...
Herzlichen Dank für ihre Zeit, dass sie dieses
Buch gelesen haben und ich wünsche ihnen
viel Freude beim üben.

Beatrice Schulze Pfister

Ich lernte Bildhauerin, besuchte die Scuola Teatro Dimitri, liess mich zur Gitarrenlehrerin ausbilden, gründete auch für einige Jahre meine eigene Gitarrenschule, wurde Mutter von meiner jetzt 27-jährigen Tochter und suchte immer noch nach Antworten auf meine vielen Fragen. Über Jahre besuchte ich zahlreiche Seminare über Bewusstseins-Training, und liess mich ausbilden zur Facial Harmony Therapeutin, die Bewusstsein- und Prozessarbeit mit einer sanften Behandlung über die Meridiane verbindet, und im Körper manifestierte Blockaden auflöst. Dazu kam dann die Ausbildung Tools of the Trade, aus dem Three in one Consepts von Gorden Stockes und Daniel Whiteside, in der ich das Körpertesten aus der Kinesiologie, das Verhaltensbarometer, Auflösen emotionalgeladenen Stresses, Gehirnintegration und Altersprogression erlernte. Auch das Training bei Anthony Robbins, brachte mir viel Erfahrung, die bei der Arbeit als Coach sehr unterstützend ist.

Die mehrmals besuchte Oneness University Chennai, India, die ich mit meinem Lebenspartner Rolf besuchte, war jedes Mal ein Bewusstseinshöhepunkt in meinem Leben. Was wir dort an Bewusstsein bekamen, kann ich nur so mit Worten beschreiben: Es beantwortete alle meine Fragen, die ich immer mit mir getragen habe. Es war eine Erfahrung, die sich in mir manifestiert hat und gleichzeitig ein Geschenk, das für mich nicht direkter und reiner aus der göttlichen Quelle kommen könnte! Es hat mir gezeigt, dass wir bereit sind, das Leben in Freiheit und Freude zu transformieren in allen Aspekten unseres Daseins. Es ist für mich eine grosse Ehre, diese Bewusstseinserfahrung weiter zu geben und zu teilen.

Und nicht zu vergessen sind da natürlich die Ausbildungen zum Practitioner Certification Trainer für Matrix Energetics, bei Dr. Richard Bartlett. Das gab uns eine ganz neue Perspektive, wie man die Energiefelder aus der Quantenphysik einsetzen kann.

Hier möchte ich mich bei all meinen Lehrern, die mich auf meinem Weg unterstützen, von ganzem Herzen bedanken! Ich bedanke mich auch bei meinem Lebenspartner Rolf, mit dem ich meinen Lebensweg teilen darf, und der mein Herz mit Liebe erfüllt! Sarah, meine Tochter, mit der ich schon immer so viel

Schönes teilen durfte und die mein Leben
ebenfalls bereichert. Ein grosses Dankeschön
an das Universum, das mein Leben mit so
grossartigen Geschenken segnet.

Herzlichen Dank an alle, die mithelfen die Frequenz unseres Planeten zu erhöhen!

www.snowlion-akademie.com

136